本专著获得国家自然科学基金青年科学基金项目"企业获奖与薪酬契约有效性研究（71902161）"的支持。

PHILOSOPHY

人民日报学术文库

会计分权下的管理会计师角色转变
与信息决策有用性研究

邓博夫 | 著

人民日报出版社
北京

图书在版编目（CIP）数据

会计分权下的管理会计师角色转变与信息决策有用性
研究／邓博夫著.—北京：人民日报出版社，2021.1
ISBN 978－7－5115－6668－3

Ⅰ.①会… Ⅱ.①邓… Ⅲ.①管理会计—研究 Ⅳ.
①F234.3

中国版本图书馆 CIP 数据核字（2020）第 216814 号

书　　名：**会计分权下的管理会计师角色转变与信息决策有用性研究**
　　　　　KUAIJI FENQUAN XIA DE GUANLI KUAIJISHI JUESE ZHUANBIAN
　　　　　YU XINXI JUECE YOUYONGXING YANJIU

著　　者：邓博夫

出 版 人：刘华新

责任编辑：蒋菊平　李　安

封面设计：中联学林

出版发行：人民日报出版社

社　　址：北京金台西路 2 号

邮政编码：100733

发行热线：（010）65369509　65363527　65369846　65369828

邮购热线：（010）65369530　65363527

编辑热线：（010）65369528

网　　址：www. peopledailypress. com

经　　销：新华书店

法律顾问：北京科宇律师事务所　（010）83622312

印　　刷：三河市华东印刷有限公司

开　　本：710mm×1000mm　1/16

字　　数：178 千字

印　　张：16

版次印次：2021 年 1 月第 1 版　　2021 年 1 月第 1 次印刷

书　　号：ISBN 978－7－5115－6668－3

定　　价：95.00 元

目　录
CONTENTS

1. 导论

1.1　研究背景与意义

1.1.1　研究背景

改革开放以后，我国的市场经济得到了迅猛发展，处于市场主体地位的我国企业也逐渐发展壮大，现在形成了一批批规模庞大、实力强劲的大型或超特大型集团公司。20 世纪 90 年代开始，随着我国市场经济体制逐渐成形，企业面临的竞争逐渐加剧，我国企业通过重组、联合、并购等资本运作形式开始组建企业集团的行为更是层出不穷，同时通过规模化形成规模经济，多元化形成优势互补的经营理念渐渐成为企业发展壮大的主流思路。进入 21 世纪后，随着 2001 年我国正式加入世界经济贸易组织（WTO），我国的企业的国际化、集团化发展整体发展趋势更加迅猛。截至 2013 年 9 月，根据财富中文网提供的数据，我国企业林立世界企业五百强的已经多达

95 家，总数直逼全球第一大经济体美国。不仅如此，我国甚至出现了中国石油化工集团公司、中国石油天然气集团公司、中国国家电网以及中国工商银行这样总资产规模超过万亿元的世界级超大企业。① 所谓集团公司，虽然在我国《公司法》当中并没有明确的定义，但是在现代组织管理学中，一般认为是指拥有众多生产、经营机构的大型公司，它由众多具有法人资格的企业，通过资本的相互参与、渗透而形成的多层次、多法人的企业联合体。集团公司一般都经营着规模庞大的资产，管辖着众多的生产经营单位，并且在许多其他企业中拥有自己的权益。集团公司的本质还是企业，其终极目标依然是为投资者创造价值，因此，如何有效地经营管理集团公司，有效地分配资源，保障企业长期健康发展，从而为股东创造价值是也就依然是集团公司的核心问题。20 世纪 80 年代，西方集团企业开始出现了 N 型组织和网络组织②，这种去中心化的企业组织形式逐渐成为一种现代企业经营管理的新思路。一般来说，去中心化的企业，一个较为重要的特征就是经营分权（Operational Decentrali-

---

① 数据来源：财富中文网，网址：http：//www. fortunechina. com/。
② 网络组织（Network Organization）：网络型组织结构是一种只有很精干的中心机构，以契约关系的建立和维持为基础，依靠外部机构进行制造、销售或其他重要业务经营活动的组织结构形式。被联结在这一结构中的各经营单位之间并没有正式的资本所有关系和行政隶属关系，只是通过相对松散的契约（正式的协议契约书）纽带，透过一种互惠互利、相互协作、相互信任和支持的机制来进行密切的合作。
N 型组织（N‐Form Organization）：的概念最早是由斯德哥尔摩经济学院的 Hedlund（1994）提出来的，他认为，N 型组织要比传统的 M 型组织更高级，它能更好地适应新出现的知识型组织设计的要求，并可从经济学、组织理论和战略管理学之间的灰色区域中汲取综合性的智慧。Hedlund 认为该模型有一个重要的原则性贡献，那就是它对两类知识——隐性知识和明晰化知识（Articulated Knowledge）——和四种社会集合做了综合分析。N 型组织一般具有以下特点：组织结构极度分散化、良好的创新文化与环境、灵活的市场反应能力以及组织内部密集的横向交往和沟通。

zation）。所谓经营分权是指，上级单位向下属经营业务单元下放包括生产、市场和投资等与组织日常经营相关的权力。① 关于经营分权，当前学术界已经达成基本共识，由于经营业务单元经理相比于上级单位对于所处的经营环境和业务单元具有较大的信息优势，经营分权本身既作为一种权力格局，又作为一种激励机制，可以良好发掘经营业务单元管理人的积极性与创造性，帮助经营业务单元迅速地应对市场变化进行反应，把握机遇创造价值。目前，这种以减少管理层级、自上而下分配权力的去中心化为核心的改革思想，已经成为我国企业集团未来改革的方向。然而，在组织的去中心化管理改革中，集团公司整体的权力布局中一个不可回避的关键问题是，如何进行上下级单位财权的分配，如何合理安排会计信息系统建立与管理权力的"收"与"放"，也即会计集权与分权。

会计分权，按照 Indjejikian and Matějka（2012）的定义，是指上级单位分配给下属经营业务单元与会计相关的决策权力，包括经营业务单元在多大程度上具有自主设计自身内部会计信息系统和选择与自身经营业绩相关的会计政策等权力，即经营业务单元在会计方面有多大的自由度。全面的会计"集权"意味着上级单位需要决定并处理大大小小会计事务，下属单位没有任何与会计相关的财务权力与自由；全面的会计"分权"则意味着下级经营业务单元在会计决策上享有最大相机处理财务问题的自由，而其所受约束也最少，即使最底层的经理与会计人员也是如此。当然，两种模式都是极端

---

① 所谓经营业务单元，是指包括子公司、分公司以及项目部，管理会计研究常将研究对象限定在经营业务单元，以使研究结论更具有一般性。

的，既不可取，也不科学。遗憾的是，我国目前对于集团企业的会计理论，特别是对于集团企业运行的核心——集团企业会计信息系统（AIS）管理模式问题的研究依然滞后于我国经济形势发展的迫切需求。回顾我国以往文献我们发现，现存研究存在两个缺陷，其一正如罗宏（2001）指出，集团公司如何对其公司的财务运作进行有效的管理和监控，虽然是当前财务理论界和实务界共同关心的问题，但是直接研究会计信息相关权力分配的相关文献较少。当然，也已经有学者和实务工作者开始关注集团企业财务管理的"分权模式"与"集权模式"（裴伯英，1998；冷文，1999；李志强，2000；张彦茹，2001；王芳和陈升阳，2002；刘莉和王芳，2002；胡美琴和张爱民，2003；张小丽，2006；姚颐等，2007；刘剑民，2009；张会丽和吴有红，2011），以及集团资金集中管理的模式（袁琳，2005；谢建宏，2009），然而该领域的研究既没有引起研究者足够的重视，也尚未上升到整个会计信息系统设计的层面。其二是缺乏实证研究。王棣华（2013）指出，随着企业的发展，企业最高管理者经常面临一大财务难题：是搞财务集权管理还是财务分权管理？财务集权管理有它的好处，也存在许多不足；财务分权管理可以克服财务集权管理的一些不足，但也有自己的局限性，因此不能一概而论是财务集权管理好还是财务分权管理好，要具体问题具体分析。如何做到具体问题具体分析，这还需要研究者深入企业实践中去，以实证的角度探索会计分权的现状和影响因素及其经济后果。以上问题足以说明，虽然我国学者已经开始关注到集团企业内部财权的分配问题，但是研究也均仅以财务管理模式为研究对象，而对于整个会计信息系统在设计与建立时候如何张弛有度、如何收放自如还缺乏系统性的认识。当然，不仅我国研究尚处起步阶段，西方会计学者也尚处于摸索阶段。

从会计信息系统本身来讲，会计分权管理模式对于财务会计信息系统的影响还相对较小，而具有更重大影响的是管理会计信息系统。对于财务会计，一方面，全球范围内包括欧盟 28 国在内的国家和地区开始实施了以原则为导向的国际财务报告准则，同时包括中国和美国在内一些国家和地区也开始积极向 IFRS 趋同。2007 年，我国全面执行的与国际财务报告准则（IFRS）实质趋同的《企业会计准则》是以原则为导向的准则，需要会计从业人员较多地采取职业判断，因地制宜地选择会计方法，设计会计程序，这也就为经理人以及会计人员留下了巨大的自主选择空间（Discretionary Gap）。因而，同一集团公司内部，由于不同的经营业务单元所处外部环境不同，甚至行业具有较大的差异，如同一个集团公司内部，可能既有制造型企业，也同时存在投资型企业，很难建立由上至下统一的财务会计信息系统。然而，另一方面，以母公司为基础的合并财务报告（以资产负债表、利润表、现金流量表以及权益表为核心的报告体系），对下属经营单位的财务会计信息通过事后的调整与重分类评估等程序，虽也存在一定的信息失真风险，但基本可大致实现财务信息的相关性与可比性。相比之下，对于会计信息系统的另一个较为重要的子系统——管理会计信息系统，由于其本身的自主性更强，较为难以实现统一。与财务会计旨在为经营利益相关者提供对决策有用的信息不同，管理会计的目标是为内部管理决策提供有用信息。管理会计的本质是资源分配的会计，管理会计系统所包含的主要三大子系统中，预算系统计划分配资源，成本控制系统利用转化资源，业绩评价系统监督保护资源。会计分权作为企业内部的一种权力格局，其本质也就是权力资源的一种分配制度，不同程度的分权模式相对应的是不同的资源分配方式。所以研究会计分权，必须从管理会计信息系统的视角作为切入点，以管理会计信息系统受到的影响作为落脚点。这也是为什么在该领域实证研究的开篇之作，Indjejikian and Matĕjka（2012）选择以管理会计中业绩评价问题作为会计分权经济后果落脚点的关键之所在。

近年来，在会计学术界，管理会计学的地位逐渐凸显，在企业管理实践中，管理会计信息的需求逐渐加大，全球会计学理论界与实务界都发起了一阵以管理会计为主体的思潮。在国内，以我国财政部为首，中国会计学会、各高校以及海外驻华学会团体也积极推动着管理会计在中国企业的应用与发展。放眼我国会计理论与实践的发展，2013 年是管理会计的一年，这一年我国财政部已将管理会计列入今后会计改革与发展的重点方向，并积极采取有效措施加强管理会计相关制度建设，加快管理会计人才培养。2013 年 8 月 16 日《企业产品成本核算制度（试行）》的发布实施，是财政部门全面推进我国管理会计体系建设的重要探索，是财政、会计工作服务经济社会发展的重大举措。在管理会计领域，我国理论界与实务界也做了诸多探索和有益尝试，也都取得了积极成效。然而，我国现行管理会计工作仍有不少薄弱环节，因此财政部将管理会计体系建设工作纳入今后会计改革与发展的重点方向，并以实施企业产品成本核算制度为突破口，科学谋划、大胆探索、循序推进，进一步强化财政部门服务市场经济的本领。2014 年 3 月，为了提升管理会计应用在世界范围内的一致性，并帮助全球企业建立最优的管理会计系统，全球两大专业会计师组织英国皇家特许管理会计师公会（CIMA）与美国注册会计师协会（AICPA）率先发布了由它们共同制定的《全球管理会计原则（征求意见稿）》。① 这股管理会计的思潮背后当然蕴含着深层次的原因。随着全球化的进一步发展，世界范围内所有的企业在某种意义上都将不得不面对相同的原材料市场和销售市场，企业要获得竞争优势必须练好"内功"，不断向内改革组织的结构、完善组织设计、合理分配企业资源，以应对市场的压力。管理会计在企业内部资源分配方面具有不可替代的作用，因而当前管理会计在组织经营管理中的地位也越来越凸显。以我国企业而论，随着我国市场化改革的深入，企业面临的市场竞争越来越激烈，人口红利逐渐消失，成本逐渐攀升，企业利润率被极大地压缩，同时海外的新兴制造业市场也不断地冲击着我国企业的成本利润率，这迫使我国企业从传统的粗放式经营管理模式向精细化管理模式转型，更加注重企业资源分配的效率。管理会计是资源分配的会计，其通过预算系统、成本控制系统以及业绩评价系统形成事前、事中以及事后的多层次的资源控制。

其实，会计分权的终极目标是上级单位希望通过下放会计信息系统建立的权力，将会计信息系统服务的中心自上而下转移，以业务单元为中心建立会计信息系统，从而提升会计信息对于经营业务单元管理层的决策有用性，帮助业务单元管理层更快速地应对市场变化，提升管理效率。同时，会计分权本身也是一种权力制度的安排方式，分权的会计信息系统有可能激励下属经营业务单元的管理

---

① 英文名称为 Consultation Draft Global management accounting principles.

层与会计师更好地管理企业，为企业整体创造更多价值。那么，会计分权管理的模式下，管理会计信息系统是否可以帮助下属经营业务单元管理层更好地做出经营管理决策，有效分配企业资源呢？同时，分权管理的会计模式下，是否可以激励下属业务单元的管理会计师以业务单元为中心建立会计信息系统，以管理层的管理需求为导向，收集整理管理会计信息，更好地服务于经营管理层决策？以往管理会计的教科书表明，管理会计一般具有两大职能或者功能，一是控制职能，二是决策支持职能（Emmanuel et al.，1990；Horngren et al.，1996；Hilton，1999；Zimmerman，2000）。相应地，管理会计师以及管理会计信息也就具备了两种职能。一般说来，在大型集团企业中，管理会计的两大职能既相互对立又相互统一，控制职能主要满足于上级单位对下属经营单位的控制要求，而决策支持职能则主要是服务于以下属单位为中心的管理层的管理决策。因而，如果对管理会计的目标和管理会计师的角色缺乏清晰的定位，特别是在下属经营业务单元内，就有可能造成管理会计工作的盲目性，甚至会引发管理会计师角色错位，从而削弱管理会计信息的有用性（Hopper，1980）。当然，无论是提供对决策有用的管理会计信息，还是提供对控制有用的管理会计信息，管理会计信息系统都将受到管理会计师对于自身工作的认识，以及其在组织内的地位的影响。如果将管理会计师的角色看作组织内的一种制度设计，那么管理会计师的角色不仅本身会受到其他制度安排的影响，同时也会影响到组织内部其他制度的设计与安排（Goretzki et al.，2013）。因此，从会计分权的视角研究管理会计信息系统的前提是厘清管理会计师在组织经营管理中的角色。

然而从我国管理会计实践发展现状来看，与企业急速膨胀的管理会计需求相悖的是我国管理会计人才当前还存在巨大的缺口。国家人力资源和社会保障部指出：中国的管理会计人才缺口达 560 万，企业经营管理面临着向科学化、精细化管理转型的巨大挑战，在我国推行管理会计的职业化，发展中国特色的注册管理会计师，提高我国会计师在解决企业实际问题、提高企业核心竞争能力等方面的能力已变得迫在眉睫，培养职业的管理会计师已势在必行。所谓的管理会计师，按照《全球管理会计原则（征求意见稿）》是指，在组织内通过相关和准确的信息，帮助管理层采取更好的决策，以提高组织的绩效的会计人员。[①] 当前我国财政部已经意识到推进管理会计师培养的重要性。2009 年，财政部印发的《会计行业中长期人才发展规划（2010—2020）》中指出，国内目前持证会计人员达 1500 万之多，但高级会计人才不足 40 万，且以传统的财务会计知识体系为主要专业技能，真正的管理会计人才初步缺口已达 560 万。回顾以往文献发现，有别于中国管理会计师人才不足的尴尬现状，西方管理会计师已经处在了历史的转型期。由于受到工作环境以及工作本身的局限，传统的管理会计师乃至整个会计师团队难免给公众留下呆板的印象，因而常被媒体调侃为"数豆子的人"。21 世纪初，有学者提出了管理会计师"商业合伙人"的新角色，这种新角色的本质其实就是要求管理会计师将工作的核心转到以管理为导向。管理会计师的"商业合伙人"这种新角色，已然成为当前会计界对于

---

① 原文为：Management accountants use relevant and accurate information to improve the organization's performance through better decision taking.

9

重塑管理会计师角色的一个共同愿景。企业因地制宜地建立有效的管理会计信息系统，并为管理层提供对决策有用的管理会计信息，都离不开管理会计师。

当然，研究任何管理会计的问题都必须置于一定的情景因素下（Anderson and Young，1999；Chenhall and Langfield‐smith，1998；Foster and Swenson，1997；Gosselin，1997；Innes and Mitchell，1995；Krumwiede，1998；McGowan and Klammer，1997；Shields，1995）。研究管理会计信息系统，一个重要的问题就是解决管理会计信息系统与情景变量（Contextual Variables）之间的匹配问题。因而，研究中国的管理会计问题，就必须深入企业经营管理实践中，研究中国企业经营管理的情景下管理会计实践，提炼出与中国企业管理实践相匹配的理论与经验证据。研究中国企业具体情景下的管理会计实践，这也正符合了胡玉明（2010）所提出的中国的管理会计研究必须要从"取经"转为"造经"，创造适合中国国情的理论。那么，本书所讨论的我国企业的会计分权模式是否符合企业所处的内外部环境，也即企业所选择的具体会计分权程度是否符合企业经营管理的具体情景？在具体情景因素下，会计分权的模式又是否能有效地激励管理会计师的角色发生质的转变，激发管理会计师跳出传统角色的桎梏，重塑管理会计师的"商业合伙人"的新角色，从而帮助所在经营业务单元的经理层做出有效合理的管理决策？因此，本书欲打通环境、会计权力分配与管理会计信息决策有用性的关系，沿着"业务单元外部环境—业务单元内部环境—会计分权—管理会计师角色—管理会计信息决策有用性"的逻辑路径进行研究，本书研究逻辑如图1.1所示。

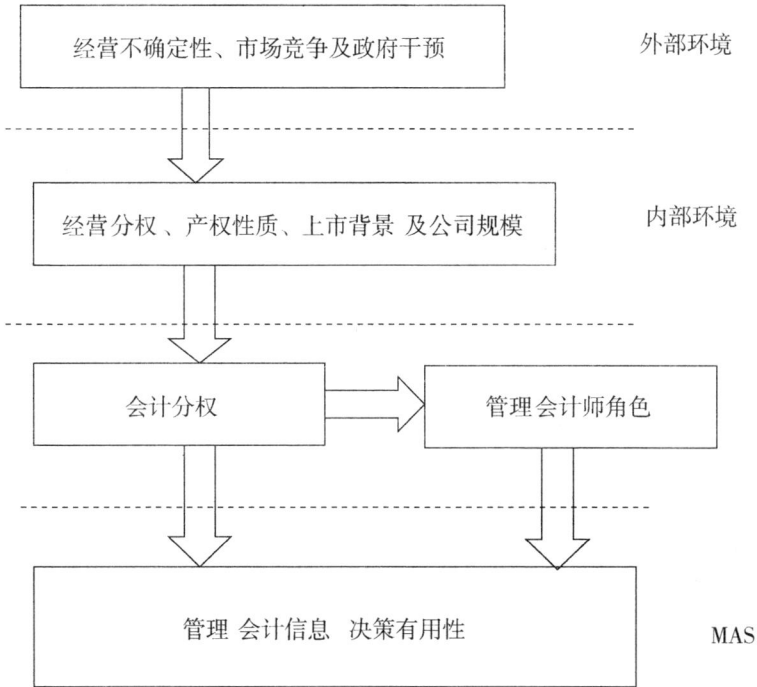

图 1.1 研究逻辑图

1.1.2 研究贡献与意义

改革开放以来，我国资本市场从无到有的发展，以及我国独有的制度背景，吸引了我国学术界更多地聚焦于财务会计相关领域的研究，而对管理会计失去了应有的关注。Johnson and Kaplan（1987）就曾呼吁过，以往研究者过多关注于财务会计，管理会计信息系统逐渐丧失了自主性，依附于财务会计信息系统，因而管理会计信息失去了其相关性（Relevance Lost）。当 Johnson（1994）再次审视西方管理会计实践的发展状况，不得不以相关性重拾（Relevance Regained）来描述管理会计当前在组织经营管理中的地位何其重要。大量研究表明，实务界中管理会计的发展是要超前于理论界的，大多数管理会计技术都是从实践中总结出来的。企业经营管理者以及会计师在实践中通过实践不断地开创出与自身特征相适应的管理会计方法。以西方企业为例，如平衡积分卡、作业成本法等都源自理论研究者参与式的观察并对实务工作的总结。以我国企业为例，包括早期的邯钢经验，现代施工企业的红线成本法、责任成本法也都源自企业的实践。实践呼唤理论，因而研究中国管理会计的问题，不仅必须深入企业实践中去，从实地调研入手获取第一手的资料，发现企业经营管理中管理会计的"真"问题，还必须参与式地观察管理会计实践，从而总结出一般性的规律。然而，回顾我国管理会计相关文献，我们发现，当前我国管理会计的研究依然存在较多的遗憾，一方面，研究选题大多数都是以引入西方管理会计技术在企业中的实践运用效果为主，缺乏与我国企业实践中管理决策相适应的理论；另一方面，根植于我国管理会计实践的实证研究稍显不足，缺乏通过经过验证的可操作的管理会计方法与工具。正如郭重庆（2011）指出，中国管理科学研究的现状是并不令人满意的：一方面缺乏结合中国情境的新理论的提出；另一方面又缺乏经实证、实验验证的方法、工具的推出。我们应该找出管理变量，推动中国经济与社会发展，因为，中国今天不论宏观还是微观层面上所面临的挑战，与其说是一个资金与技术问题，毋宁说是一个管理问题。

因此，本书基于中国企业的具体环境，以会计分权视角，讨论管理会计师的角色与管理会计信息的决策有用性，因而本书的研究结论也就具有了重要的理论价值和实践价值。

具体说来，第一，从理论上讲，本书可以帮助我们更好地理解会计分权的内在机理，补充我们对于组织经营管理实践中会计信息系统设计的认识。从实践上讲，当前在我国会计分权的概念尚不明确，但通过实地访谈我们却表明，我国企业在实践中已经或多或少地选择了与自身相适应的会计分权模式。本书基于权变理论的视角研究会计分权的影响因素，也就为企业经营管理者在设计会计信息系统时，提供一个可参照的思维框架。

第二，本书通过实证检验会计分权对于管理会计师角色转变的影响的内在机理，即研究企业经营管理实践中，随着企业上级单位向下属经营业务单元会计分权程度的增加，管理会计师的角色究竟会发生怎样的变化。研究会计分权对于管理会计师角色转变的影响，至少具备以下几点意义。从理论上讲，首先可以帮助我们理解会计分权对管理会计师角色的影响，也就是会计分权管理在组织行为层面的经济后果；其次，可以帮助我们理解管理会计师角色的内涵是什么，以及组织分权管理模式与管理会计师的角色转变的内在逻辑是什么。从实践意义上讲，虽然管理会计师的"商业合伙人"角色已经渐成共识，但并非所有企业已经充分意识到管理会计师在组织经营管理中的作用以及地位，本书基于会计分权的视角讨论管理会计师角色转变的问题，可以为企业管理实践中如何发挥管理会计师的角色效能提供了一个制度建设方面的参考。

第三，本书基于会计分权视角，研究了管理会计信息系统为了服务于经营业务单元管理层的决策需求，究竟需要提供什么样的管理会计信息。因而从理论上讲，其一，研究会计分权对于管理会计信息决策有用性，可以帮助我们进一步加深对于会计分权的经济后果的认识，同时加深我们对于管理会计信息决策有用性的认识；其二，有用的管理会计信息必须与组织内外部环境因素相互匹配，从会计分权的角度，研究管理会计信息决策有用性，也就从文献上补充了会计权力制度的分配对于管理会计信息系统的影响。从实践上讲，我们组织经营管理者已经认识到管理会计信息在组织经营管理中的重要地位，同时也在不自觉中选择了特定的会计分权管理模式，但是分权管理真的可以帮助业务单元管理改善管理会计信息的决策有用性，本书的研究为组织经营管理者在衡量如何选择会计权力的分配方式时，提供了一定的理论参考。

第四，本书将人的因素纳入管理会计信息系统的研究，也即研究了会计分权对于管理会计师角色转变的作用。因此，本书相对于以往文献，也就回答了管理会计师乃至整个会计师团队，在现代组织经营管理中，究竟应该如何定位自身，发挥怎样的能动性。从理论上讲，本书打通了从制度选择到特定角色行为模式再到行为后果的一体化逻辑，也就为管理会计师以管理为导向的"商业合伙人"的新角色提供了一个上接制度设计下连经济后果的佐证。从实践上讲，管理会计分权的目的就是要通过将会计信息系统设计与管理的权力下放给经营业务单元，帮助经营业务单元管理层做出更有效的管理决策，为企业创造价值。

第五，本书沿着"外部环境影响因素（外部环境情景因素）—内部环境影响因素（内部环境情景因素）—会计分权—管理会计师角色—管理会计信息决策有用性"的逻辑路径进行研究。会计信息系统的设计与建立，以及管理会计师为管理层所提供的管理会计信息都是对企业内外部环境的反映，管理会计信息的质量将通过影响管理决策的效率，从而最终影响到组织的绩效。已有研究沿着"环

境——经营分权——管理会计师角色冲突"、"环境——经营分权
——管理会计信息决策有用性"或"环境——经营分权——会计分
权——经济后果"等路径进行理论分析和实证检验，本书则将环境、
会计分权、管理会计师角色以及管理会计信息决策有用性有机整合，
有助于更好地理解企业特别是集团企业如何设计并建立管理会计信
息系统，如何定义管理会计师在组织经营管理中的角色，管理会计
信息系统又应该提供什么样的决策信息。因此，本书对于我国企业
实践中，分权管理模式下，如何通过有效地安排管理会计相关制度
从而提升管理效率提供了一个一体化的逻辑参考。

1.2　研究思路与内容

论文的整体框架将参考 Anthony（1965）提出的，从组织内外部
环境到管理控制系统的逻辑，同时遵循胡玉明（2011）提出的中国
管理会计理论与方法研究的学术思想：立足于中国转型经济环境下
的特殊制度背景，综合运用会计学、经济学、管理学等学科的理论
与方法，基于管理会计的"技术、组织、行为、情境"四个维度和
"外部环境影响因素（外部环境情景因素）—内部环境影响因素
（内部环境情景因素）—会计分权—管理会计师角色—管理会计信息
决策有用性"一体化的逻辑基础，系统地研究中国企业管理会计理
论与方法。参考以往管理会计相关文献，我们发现，组织经营管理
实践中，影响管理会计信息系统的具体情景因素包括了经营环境不
确定性、市场竞争程度、公司规模以及上市背景等。同时按照 Indje-

jikian and Matějka（2012）所指出，会计分权的程度，还受到企业内部经营分权程度的影响。因此，本书会将以上因素纳入本书实证研究考察的范围。

此外，本书所参考的文献主要基于国外私营企业的角度进行分析，它们的特点就是较少受到政府的干预，企业能够以独立的法人个体进行经营管理。但是，在我国，国有企业大量存在，国有企业不能以一个独立的法人进行经营，较多地受到政府管制和干预，国有企业领导人大部分并不是职业经理人，更像是一个政府官员，企业利润目标不是其首要的追求目标。从一家大型国企的总经理的讲话中发现，第一位是企业（政治）稳定，第二位是安全，第三位是赢利（于增彪等，2007）。国有企业很多时候是在作为政府的代理人去执行政府职能，那么在这种制度环境下，我国企业会计分权的程度是否也会受到相应的影响？此外，政府对于组织经营管理的作用也是复杂的。因而，很难讲清楚政府干预对于管理会计信息决策有用性的影响究竟是提升还是降低。一方面，长期以来，我国政府都是发挥着主人翁的精神积极推动着管理会计实践的发展（Chow et al. , ; O'Connor et al. , 2004；Ji, 1997）。改革开放以后，如本书综述中所提到，为了提升我国企业管理水平，我国政府更加积极地推动着我国企业的管理会计信息系统的建设。2006 年，为加强对国资委履行出资人职责企业的财务监督，规范企业综合绩效评价工作，综合反映企业资产运营质量，促进提高资本回报水平，正确引导企业经营行为，国家制定并颁布了《中央企业综合绩效评价管理暂行办法》和《中央企业综合绩效评价实施细则》。这不仅促进了我国国有企业经营业务评价系统的建立，同时还激发了我国民营企业建立经营业绩评价系统的热情。2013 年，我国财政部发布实施了《企业产品成本核算制度（试行）》，这是财政部门全面推进我国管理会计体系建设的重要探索，是财政、会计工作服务经济社会发展的重大举措。从这个意义上讲，随着政府干预的增加，企业可能更重视提升自身内部管理水平和各种制度的建设，这当然包括管理会计信息系统的建设，因而，管理会计信息的决策有用性会随之增加。那么，综合看来，政府对于组织经营管理实践中的会计分权会有怎么样的影响？对于管理会计信息系统又会有怎么样的影响？

为了探索这一系列的问题，本书具体的实证研究，将分两步展开，第一步为实地调研，第二步为问卷调查。本书的实地调研部分是为了了解我国企业会计分权、管理会计师角色以及管理会计信息决策价值实务现状。本部分实证将在文献综述的基础上，结合中国企业的基本特征，展开实地调研，调研的方式采取访谈，而访谈的具体形式则是半开放式的半结构化访谈。本书的实地调研是定性的研究，不仅对对全书可以起到配置数据增进理论的作用（Arens and Chapman，2007），还可以在一定程度上补充本书所研究的领域因较为前沿而文献不足的遗憾。具体说来，本书的实地调研又细分三部分详细展开，第一部分通过实地调研客观地展现我国会计实务中会计分权现状；第二部分通过实地调研客观地展现我国管理会计师现状；第三部分通过实地调研客观地展现管理会计工作开展现状以及管理会计信息在组织经营管理决策中的作用。

本书的实证第二步为问卷调查。本书一方面参考 Indjejikian and Matějka（2012）设计了经营分权程度（OperationalDec）与会计分权程度（AccountDec）的研究量表。另一方面参考 Chenhall and Morris

（1986）设计了包括管理会计信息视野范畴（Scope）、及时性（Timeliness）、综合性（Aggregation）以及整体性（Integration）四个信息决策有用性特征来衡量会计分权模式下，管理会计信息是否发挥了更积极有效的作用。并在以往管理会计师调查问卷基础上，设计了管理会计师管理决策参与度（MWJ）以及管理会计师角色清晰度（MARoleClarity）以测度管理会计师在分权管理模式下，是否可以充分有效地运用自主权力，更积极地发挥其管理会计师的角色，将工作的中心和重心从为上级单位经营管理控制服务，转换到以业务单元管理层经营管理决策需求为中心，更好地服务于管理层的信息需求。此外，本书还将参考相关文献，设计了其他将考量的情景因素的研究样表。

因此，全书章节框架如下文所示。

第1章：导论。通过分析当前我国企业经营管理中经营分权与会计分权的现状，引出本书的研究话题，介绍本研究的重要意义。重点阐述本书的研究方法和研究内容，勾勒出本书的整体框架，提炼本书可能的创新点。

第2章：文献综述与实地调研。为了了解以往企业会计分权、管理会计师角色以及管理会计信息决策有用性研究与我国会计实务现状，本章将分为三部分展开：第一部分回顾并评述国内外会计分权、管理会计师角色以及管理会计信息决策有用性研究现状；第二部分通过整理实地访谈调研，以初步揭示当前我国会计分权、管理会计师角色以及管理会计信息系统在实践中的具体状况；第三部分为本章小结。

第3章：理论分析与实证研究设计。为了构筑全书的实证理论研究框架，同时奠定本书实证研究的数据基础，本章将分三部分展开：第一部分基于权变理论、制度理论和代理理论构筑本书的实证研究框架，打通"外部环境影响因素（外部环境情景因素）—内部环境影响因素（内部环境情景因素）—会计分权—管理会计师角色—管理会计信息决策有用性"的逻辑链条，为接下来的实证研究设计与问卷调查奠定理论基础；第二部分将分别介绍本书后续部分实证研究所基于的调查问卷的设计过程，调查问卷的发放与回收过程、样本数据的基本特征，以及本书后续实证部分将会运用的结构方程模型和线性回归模型方法，从而为本书后续实证部分奠定数据基础；第三部分为本章小结。

第4章：情景因素、经营分权与会计分权。本章以权变理论为基础，研究了我国企业如何选择与自身所处情景环境相适应的会计分权模式，具体说来，即研究会计分权程度是如何与组织经营环境不确定性、市场竞争、政府干预以及经营分权之间相互匹配的；同时研究不同规模、不同上市背景以及产权性质对于会计分权程度的影响。从而解读企业选择会计分权模式的内在机理。

第5章：情境因素、会计分权与管理会计师角色转变。本章以权变理论和制度理论为基础，以会计分权为视角，研究了管理会计师角色如何实现将工作的重心从服务于上级单位的控制目标，转移到服务于经营业务单元的管理决策目标，即不同的情景环境下，会计分权对于管理会计师的管理导向的影响。具体说来，本章研究了经营不确定性、会计分权程度以及管理会计师角色的明晰度以及管理会计师管理决策参与度之间的内在结构关系。

第6章：情境因素、会计分权与管理会计信息决策有用性。本

19

章以权变理论和代理理论为基础，以会计分权为视角，研究了市场竞争程度、政府干预对于管理会计信息决策有用性的影响。具体说来，本章研究了不同的市场竞争程度以及不同的政府干预程度是如何通过会计分权进而影响管理会计信息的决策有用性的。

第 7 章：研究结论、局限与展望。本章在以上各章理论分析与实证检验的基础上，总结全书的主要研究结论，并分析本书存在的不足，进一步提出相关领域未来值得研究的方向。

1.3 研究方法与程序

由于本书选题属于管理会计研究问题，涉及企业外部环境与企业内部管理实践等研究数据，无法从公开的数据库获得需要的研究数据，因此本书采用国际主流的管理会计实证研究的数据获取方法——问卷调查。采用问卷调查方式进行实证研究，研究数据的质量决定于问卷设计、调查对象的选择、问卷发放和问卷回收等，其中问卷本身的质量是最为重要的决定因素。因此，设计一份科学、合理的调查问卷对于本研究结论的可靠性甚至整个研究的质量都是最为重要的保证。

科学的研究方法是研究质量的重要保证，设计一份高质量的调查问卷同样需要遵循该研究方法严谨的研究过程和研究步骤。为了保证本书的研究质量，拟采用以下的研究程序：

（1）实地调研与问卷设计。在问卷设计前，围绕本书的研究话题拟定一份实地访谈提纲，找几家不同性质的企业，并对企业管理者做半结构化访谈。通过到企业实地调研和访谈，能够掌握我国企业目前会计分权、管理会计师以及管理会计信息系统的现状及其存在的问题。及时将访谈数据反映的问题反映到问卷设计过程中，以设计出更加贴合我国企业实践的调查问卷。

（2）问卷修改。问卷初稿设计出来之后，邀请管理会计领域的专家学者对该问卷提出修改意见，并进行相应的修改。然后选择几家企业的管理者进行小范围问卷试填，充分听取试填者提出的反馈意见，再次对问卷进行修改。反复进行这么几轮修改，直到试填者满意为止。

（3）问卷发放与回收。问卷设计完成之后，结合本书的研究问题选择问卷调查对象、发放渠道和回收渠道等问题。由于本书研究企业的管理会计问题，其聚焦于企业内部经营单元层次，如公司事业部、利润中心等。因此本书的调查对象将确定为企业经营单元的管理者。采取现场填答和电子邮件填答两种模式。本书将通过多种渠道选择调查对象，比如西南财经大学在职的 MPAcc 班学员，校友所在企业、研讨会等。

严谨的研究过程才能获得科学的研究结论。本书对于回收的样本数据，将严格按照问卷调查数据的分析方法进行因子分析、线性回归分析以及结构方程等。

1.4 可能的创新点

目前，虽然我国尚没有出现明确的会计分权概念，但是在经营管理实践中，部分企业已经选择了与自身环境相互适应的会计分权模式，同时，企业的经营管理者也开始意识到了管理会计师与管理会计信息的重要性。然而，在多数企业中，管理会计工作普遍还并不独立于财务会计，虽有少数企业成立了独立的管理会计部门如预算和成本控制部，却少有明确的管理会计师定位。一方面，会计分权实证研究起步较晚，另一方面国内学者对于管理会计师的角色的讨论以及管理会计信息系统究竟应该为管理层决策提供什么样的管理会计信息还缺乏相关的实证文献。本书在借鉴前人研究的基础上，在这些方面做了较大的改进与创新。本书的改进与创新点具体体现在如下几个方面。

（1）本书通过理论分析与实证研究构筑了会计分权的逻辑框架，明确了基于中国制度背景和其他具体的情景环境下，会计分权的影响因素。相比于 Indjejikian and Matějka（2012）所提出的会计分权框架，本书的框架并不简单地将企业内外部情景因素与会计分权之间的关系简单地归纳为线性关系，而是通过理论分析、线性回归模型以及结构方程模型层层递进地证明出更符合现实逻辑的结构关系。通过这种结构关系的模型，可以帮助后续研究者及实务工作者的更好地理解，如何根据企业所处的具体经营环境、市场竞争程度以及政府干预程度等，分配上级单位与下级会计权力，如何设计一套有效的会计信息系统。

（2）本书从实证的角度提出了应当如何设计管理会计师角色的相关量表与指标以测度管理会计师以管理为导向的程度。回顾以往研究发现，以往研究尚处于探索性的调查研究管理会计师的日常具体的工作作业开展度阶段，本书在以往研究文献的基础上，重新分

类了管理会计师作业，并从中提炼出了管理会计师管理决策参与度
（MWJ）因子，同时结合以往文献设计并提取了管理会计师角色明
晰度（MARoleClarity）因子，以共同测度分权管理模式下，是否可
以充分有效地运用自主权力，更积极地发挥其管理会计师的角色，
将工作的中心和重心从为上级单位经营管理控制服务，转变到以为
业务单元管理层经营管理决策需求为中心，更好地服务于管理层的
信息需求。

（3）虽然以往西方管理会计文献已经较多地聚焦了管理会计信
息的决策有用性的影响因素，但是这些研究都是基于西方的制度背
景。本书研究了中国情景下管理会计信息决策有用性的影响因素，
特别是通过理论分析和结构方程模型区分了政府干预对于管理会计
信息系统的两种相互矛盾的影响机制，一方面政府干预会通过降低
企业会计的分权程度，从而降低经营业务单元管理会计信息系统的
自主性，并最终降低管理会计信息的决策有用性；另一方面，我国
政府积极推动着管理会计在企业实践中的运用与发展，越是在政府
干预较强的企业，政府对于管理会计的推动就越明显，这也就增加
了管理会计信息的决策有用性。综合说来，实证结果显示，政府干
预对于管理会计信息的决策有用性整体上呈正相关，因而说明政府
对于管理会计的推动作用对于企业提升管理会计信息系统的有效性
更具影响。

（4）本书在研究方法上，综合运用了线性回归模型与结构方程
模型相互印证以验证本书的研究假设，从而保证了本书研究结论的
稳健性。回顾以往文献发现，在管理会计的研究中，既有文献使用
线性回归模型，也有文献使用结构方程模型验证研究假设。本书认

为两种方法各有利弊，在实证研究中根据研究假设和数据结构共同使用，可以起到互补的作用。①

（5）本书沿着"外部环境影响因素（外部环境情景因素）—内部环境影响因素（内部环境情景因素）—会计分权—管理会计师角色—管理会计信息决策有用性"的逻辑路径进行研究，因而从研究框架上也就首次有机整合了已有研究的逻辑线条。相比于以往研究，本书的逻辑线条一个主要的改进是将管理会计师角色这个人的因素纳入研究框架范围内，因而使本书的逻辑更贴近于管理会计实践，同时也使得管理会计信息系统相关理论框架显得更丰满。

---

① 两种方法的具体利弊，将在本书的第四章中详细展开。

2. 文献综述与实地调研

　　本部分为文献综述与实地调研。为了了解以往研究企业会计分权、管理会计师角色以及管理会计信息决策价值相关文献与实务现状，本部分在回顾并评述以往研究文献的基础上，结合中国企业的基本特征，展开了实地访谈①。本书的实地调研是定性的研究，不仅对全书可以起到配置数据增进理论的作用（Arens and Chapman，2007），还可以在一定程度上补充本书所研究的领域因较为前沿而文献不足的遗憾。② 具体说来，本部分将分为三部分详细展开：第一部分回顾国内外会计分权研究现状，并通过实地调研客观地展现我国实务中会计分权现状；第二部分回顾国内外管理会计师角色研究现状，并通过实地调研客观地展现我国管理会计师以及管理会计工作

---

① 实地访谈一般为质性研究获取样本信息的方法。所谓质性研究是以研究者本人作为研究工具，在自然情境下，采用多种资料收集方法（访谈、观察、实物分析），对研究现象进行深入的整体性探究，从原始资料中形成结论和理论，通过与研究对象互动，对其行为和意义建构获得解释性理解的一种活动。

② 实地研究（Field Study）也被译作田野研究和场地研究，是指研究者在调查对象所在处直接搜集社会资料而进行的研究，其本质上也是一种实证研究方法。从研究的方法论的角度，可以基本分作定性的实地研究，和定量的实地研究（Silverman，1993；Ahrens and Chapman，2007；Anderson and Widener，2007）。

开展现状；第三部分分别回顾国内外对内外部环境因素对管理会计信息决策价值的影响的研究现状。

值得说明的是，本书的访谈形式采取半开放式的半结构化访谈①，访谈内容按照以上所述，围绕以下三大子命题设计，包括"贵公司是否存在会计分权，贵公司会计分权程度如何，其受到哪些因素的影响；贵公司管理会计工作包含哪些，是否有专门人员负责，贵公司是否有明确的管理会计部门，贵公司财务会计人员与管理会计人员是否有明确的分工；贵公司当前管理会计信息包含哪些，贵公司管理会计信息一般向哪一个层级的管理者提供，其在管理行为中的决策价值如何"等。在实地访谈的过程中，我们遵循以下步骤：

（1）设计访谈提纲②。一方面，访谈提纲中列出了研究者想要了解的关于会计分权、管理会计师角色以及管理会计信息决策价值的基本内容，受访者可以有针对性地回答问题。另一方面，访谈中也会产生一些互动，引发一些深层次的问题，所以半结构式访谈是深度的，即通过这种半开放式的互动聊天的方式极大地深入挖掘并帮助我们理解真实情境下拟研究的问题。

---

① 访谈方式有三种：结构式、半结构式及非结构式。结构式访谈又叫标准化访谈，研究者根据预先设定的问题，对受访者以同样的顺序和同样的问题提问；非结构式访谈就像普通的闲聊比较随意；半结构式访谈中研究者通常采用访谈提纲来引导访谈。本研究以半结构式访谈为主，每次访谈之前根据访谈的部门、对象和自己研究中发现的问题有针对性地设计和工程项目成本相关的问题。一方面访谈提纲中列出了研究者想要了解的成本管理内容，受访者可以有针对性的回答问题。另一方面访谈中也会产生一些互动，引发一些深层次的问题，所以半结构式访谈是深度的。

② 访谈提纲如附录 2 所示。

（2）选择访谈对象。[①] 从企业性质来讲，本书选择的访谈对象涵盖了我国国有企业与民营企业，从行业特征来讲，访谈对象涵盖了制造业、零售业、建筑施工企业以及大型装备制造业企业。由于在经费、人员、时间的制约，质性研究选择的样本一般比较小。但是依然可以运用并分析与访谈对象（尤其是其内在体验）的聊天记录，获得对研究问题比较深入的了解。陈向明（2002）指出，在质性研究取样中，研究结果的效度关键在于样本是否可以相对准确完整地回答研究者的问题，而不在于样本数量的大小。

（3）进行实地访谈。在访谈开始时，我们向受访者明确我们的访谈内容以及访谈中将要涉及到的专业名词的基本概念（见访谈提纲），同时征得访谈者同意对访谈过程进行录音。每次访谈持续时间大致为30分钟。在访谈过程中，访谈内容基本围绕我们提纲所列示的内容为中心展开，侧重讨论会计分权和管理会计师角色如何作用于管理会计信息。受访者被问及自己熟悉的专业领域大都畅所欲言，其中多位受访者谈论内容涵盖许多方面，包括了组织行为中经营分权、会计分权、管理会计师角色以及管理会计信息在企业经营管理中的作用，使可供本研究参考的资料更加丰富翔实。

（4）转录访谈对话。访谈结束后，研究人员将录音逐字逐句转化文本信息。而研究者在做后期的信息提炼时，注意受访者的语气语调，以期能够把握受访者话语的真实意思。接受访谈对象详细信息见表2.1所示。

---

① 本书采用的是质性抽样中的目的取样方法，这也是质性研究中最常用的取样方法，即根据作者研究的问题和目的来决定抽样的标准和抽取的样本，使得样本能够为研究者提供丰富的信息量。

表 2.1　受访对象与所在企业①

序号	访谈时间	访谈地点	受访企业性质	受访者	时长
1	2013.10.19	西南财经大学光华楼	国有零售业	某大型国有企业集团下属销售子公司财务总监（在职 MPAcc 班学员）	32 分钟
2	2013.10.19	西南财经大学光华楼	国有制造业	某大型国有企业集团下属生产子公司财务总监（在职 MPAcc 班学员）	27 分钟
3	2013.10.20	西南财经大学光华楼	国有制造业	某大型国有企业集团下属生产子公司财务总监（在职 MPAcc 班学员）	25 分钟
4	2013.10.20	西南财经大学光华楼	民营金融业	某民营企业集团下属农业投资子公司财务总监（在职 MPAcc 班学员）	13 分钟
5	2013.10.20	西南财经大学光华楼	民营零售业	某民营企业集团下属销售子公司财务总监（在职 MPAcc 班学员）	23 分钟
6	2013.10.21	四川省德阳市 DYEZ 集团公司财务成本科	国有装备制造业	四川省德阳市 DYEZ 集团公司财务成本科长	26 分钟

① 在实际访谈的阶段，我们还走访了四川境内多个地级市内的不同企业，但是由于受访者不愿意被录音，或受访者对于我们访问的话题并不能提供有效信息等原因，我们的部分调查和访谈未能获得有效的访谈数据，因此不再在此列出。

续表

序号	访谈时间	访谈地点	受访企业性质	受访者	时长
7	2013.10.21	四川省德阳市 DYEZ 集团公司财务成本科	国有装备制造业	四川省德阳市 DYEZ 集团公司财务成本科科员（2名）	22 分钟
8	2013.10.21	四川省德阳市 DYEZ 集团公司财务预算科	国有装备制造业	四川省德阳市 DYEZ 集团公司财务预算科科长	20 分钟
9	2013.11.06	四川省成都市 ZTLG 股份有限公司（民营）股份公司财务部	民营施工建筑业	四川省成都市 ZTLG 股份有限公司财务总监	35 分钟
10	2013.11.07	四川省成都市 ZTEJ 股份有限公司财务部会计科成本科管理岗办公室	国有施工建筑业	四川省成都市 ZTEJ 股份有限公司财务会计部科成本科会计科科员（3名，其中两人具有项目财务经理经验）	54 分钟
11	2013.11.11	四川省成都市 CYZY 股份有限公司财务部	国有制造业	四川省成都市 CYZY 股份有限公司财务部科员（具有博士学历）	11 分钟
12	2013.11.14	四川省简阳市 DCTY 机械制造有限责任公司	改制制造业（现为民营企业）	四川省简阳市 DCTY 机械制造有限责任公司总会计师	31 分钟
13	2013.11.15	四川省简阳市 SCGJ 工具制造有限责任公司	改制制造业（现为民营企业）	四川省简阳市 SCGJ 工具制造有限责任公司会计科科员	25 分钟

2.1　会计分权研究综述与实地调研

2.1.1　会计分权研究综述

自 20 世纪 80 年代以来，一方面，在经历了早期的全面质量管理、柔性制造和标杆管理等提高生产效率的措施后；另一方面，随着企业所处的市场经营环境不确定性的逐渐增加，传统市场受到全球化以及信息化的冲击，市场增长速度逐步放缓，企业开始意识到限制企业成长和战略成功的稀缺资源不再是资本，而是专业化的知识以及蕴藏在企业内部的组织能力，因此在过去几十年中，企业改革的重点开始逐渐转移到如何搭建与设计组织结构（冯巧根，2000）。如企业各部门功能开始融合、交叉生产，如制造部门可能兼有直销、会计与财务的功能，销售部门兼有市场调查、会计、财务、工程技术等功能，从财务的角度来看，这种改革理念就是今天普遍被实务界推崇的"业财融合"。以往研究表明，随着企业所处的市场经营环境不确定性的逐渐增加，企业要获得竞争优势，必须从资源分配、管理层次的设置、决策程序和部门间关系等多个方面对原有组织模式进行改造。在这一系列组织重构的过程中，企业内部上下级单位之间如何分配各种与经营管理相关的决策权力成为决定集团格局的基础。尽管企业的组织变革会根据内外部环境的差异各有侧重，具体操作程序也不尽相同，但是基本上大企业特别是集团企业组织变革呈现出一种共同的趋势，即从传统的事业部制向扁平化演变。这种以减少企业管理层级，强调分权管理的组织形式被统称为组织分权（Organizational Decentralization），其中最受到以往研究关注的就是经营分权。所谓经营分权是指，经营业务单元在多大程度上可以自主决定市场、生成以及其他经营决策的权力（Baiman et al.，1995；Christie et al.，2003；Bouwens and van Lent，2007；Abernethy et al.，2010；Negar，2011）。然而，以往管理学研究中却较多地忽略了一个重要的事实，与经营决策权力相一致的是，与企业会计和财务相关的各类权力也同样存在一个上级单位之间的分配的问题，即企业的财权分配问题。所谓"经济基础决定上层建筑"，企业的财权分配直接关系到企业内部其他各种权力分配与安排。这个观点在 Indjejikian and Matějka（2012）的研究中得到了证明，他们的研究主要关注了企业内部不同的会计分权程度对于业务单元企业管理层业绩评价的影响，他们的研究指出影响对于经营业务单元管理层的考核指标选择的并不是其经营自主权，反而是其会计自主权。由此可见，虽然已经有部分文献开始对于与财务相关的权力在企业内部的分配问题也做出了自己的判断和阐述，但是从文献积累和理论的发展来看，当前对于会计分权的研究尚处于起步阶段，无论是对于会计分权的概念界定，还是对于其背后支撑的理论，都稍欠相应的梳理。

（1）会计分权的定义

现阶段首次提出明确的会计分权概念的文献源自 Indjejikian and Matějka（2012）。事实上，Indjejikian and Matějka（2006，2009）的研究就已经开始涉及企业内部的会计权力分配问题。Indjejikian and Matějka（2012）将会计分权定义为，上级单位分配给下属经营业务单元的与会计相关的决策权力，包括经营业务单元在多大程度上具有自主设计内部会计系统和选择与自身经营业绩相关的会计政策等权力，即经营业务单元在会计系统的设计、建立以及管理方面可以获得多大的自由度。

Indjejikian and Matějka（2012）认为，所谓的集权的会计信息系统（Centralized Accounting System）包括以下几点特征：首先经营业务单元经理层向上级单位提交的财务报告无论从内容还是形式上高度标准化；其次，在相同的会计准则下，上级单位及其下属经营业务单元遵循统一的会计制度，并采用相同的会计政策和方法；最后，上级单位对于下级各经营业务单元在资产评估、成本摊销和企业内部转移定价等方面以正式的或非正式的方式进行指导。而分权的会计信息系统（Decentralized Accounting System）则是指虽然上级单位及其下属经营业务单元遵循相同的会计准则，但是经营业务单元可以在极大程度上根据自身的需求选择会计政策和方法。

全面的会计"集权"意味着上级单位需要决定并处理大大小小会计事务，下属单位没有任何与会计相关的财务权力与自由；全面的会计"分权"则意味着下级经营业务单元在会计决策上享有最大相机处理财务问题的自由，而其所受约束也最少，即使最底层的经理与会计人员也是如此。当然，两种模式都是极端的，既不可取，也不科学。从会计本身来讲，最直观的会计分权应该出现在多元化的企业中，比如随着企业规模的扩张，出现了跨行业的业务时，这时候对于经营业务单元（子公司）的会计信息系统设计就很难与上级单位（母公司）统一。

（2）会计分权的动因

Coase（1937）创造性地使用交易费用论述企业的本质和边界，他指出当市场交易成本高于企业内部的管理协调成本时，企业便产生了，企业的存在正是为了节约市场交易费用，即用费用较低的企业内交易代替费用较高的市场交易，即企业是一种市场分配资源的替代机制。换而言之，企业的规模或者其边界不可能无限扩大或者扩张，随着企业规模的扩张，企业内部的交易费用也会增加，因此企业必须从内部管理入手，改善其分配资源的效率，降低交易费用，获得相对市场的持续竞争力。随着 20 世纪全球化的发展，分权化管理渐渐成为改善组织结构的共识。针对企业的分权管理，基于信息经济学，一般说来，相对于更上层的经营管理者，经营业务单元管理层在其自身所处的市场具有较大的信息优势。当信息传递的成本较高时，组织就会将市场、经营和投资等决策权力分散给下级管理层（Melumad and Reicelstein，1987；Jensen and Meckling，1992；Milgrom and Roberts，1992）。较多的经验证据支持了这个理论，研究发现组织经营分权与私有信息具有较高的正相关性。比如，Bouwens and van Lent（2007）与 Abernethy et al.（2004）均发现，经营分权与经营业务单元管理层和上级之间在所分管的经营业务单元技术与管理活动方面的信息不对称程度正相关。也有研究发现，经营分权程度较高的经营业务单元一般来讲存在于公司规模较大经营业务相对复杂的企业内，同时该类企业还强调经营业务单元具有更高的成长性以及创新性（Baiman et al.，1995；Negar，2002；Christie et al.，2003）。

那么会计分权的真正内在动因是什么呢？研究表明，因为经营业务单元经理人以及会计师对所管理的经营业务单元所处的环境具有一定的信息优势，所以分权的会计信息系统可以有效协助经理人做出更好的决策（Christie, et al., 2003）；但是，也有文献表明，集权的会计信息系统可以有效降低上级组织与经营业务单元之间的信息不对称，而分权的会计系统不利于上级单位对下属经营业务单元的管理与控制（Simon et al., 1954；Siegel and Sorensen, 1999）。

综上，会计分权的内在动因是上级单位由于信息不对称，希望通过会计信息系统的分权式管理的模式，从而激活下属经营业务单元经营管理层的活力与创造力，以此有效应对市场的变化。简而言之，会计分权就是上级单位与下级经营业务单元之间的信息不对称的产物，是上级单位追求利润最大化目标无奈的妥协，是下属经营业务单元管理层与会计师获得的信息租金。

（3）会计分权的影响因素及其经济后果

Hansen andMouritsen（2007）认为，过去几十年的管理会计研究一直都较为关注经营分权对于会计的计划和控制功能的影响（Bruns and Waterhouse, 1975；Chenhall and Morris, 1986；Libby and Water-house, 1996；Merchant, 1981）。如上文所述，经营分权和会计分权同为组织内两种可以由上至下授予分配的权力，共同归属于组织分权的概念，二者共同形成了企业的上级单位之间权力分配格局。那么，会计分权作为一种权力分配格局，究竟受到哪些因素的影响？会计分权对于组织经营管理又会产生哪些经济后果呢？近期，Indje-jikian and Matějka（2012）通过研究进一步发现，随着会计分权的增加，企业在对于经营业务单元经理层进行业绩评价时，更倾向于选择主观业绩评价指标，并放松了对客观业绩评价指标（Subjective

Performance Measurements，或者财务业绩评价指标，Financial Performance Measurements）的依赖。同时，Indjejikian and Matějka（2006）还指出，对于那些拥有更高的会计信息系统设计自主权的经营业务单元经理，不仅因为拥有了更高的信息租金从而享受了更高的预算松弛，而且对于管理会计信息系统所提供的决策支持信息更满意。以上经验证据表明，会计分权可以提供更多的私有信息，同时也会产生相应的附加成本和收益。

（4）关于我国是否存在会计分权的一些文献证据

整体看来，迄今为止会计分权概念的明确提出相对较晚，且与会计分权直接相关的文献也相对较少。对比于西方会计文献，当前我国会计文献虽然没有直接研究会计分权，但是随着西方企业分权、组织扁平化等概念逐渐引入，已经有学者开始关注企业集团财务管理的"集权"和"分权"模式的选择问题，以及组织分权对于管理会计的影响。

20 世纪 90 年代末期，我国国有企业初步完成由计划经济体制转为市场经济体制后，部分企业出现了债务危机和管理危机，因而引发了部分学者对于集团财务管理模式与管理会计模式的思考。裴伯英（1998）认为，现代财务管理的方法是层次之间互相脱节，管理是不科学的。他指出，由于在企业财务管理的层次之间权责不清、力量不足和管理水平低等原因，企业财务管理的决策层与执行层之间严重脱节，主要表现是对企业财务管理的重大事项不是按程序和科学方法进行决策，而是靠厂长（经理）的一句话，在决策后执行部门也不按科学的方法去具体地计划和控制，致使企业财务处于失控状态。冷文和付家良（1999）认为，由于企业集团的组织形式是多层次的，这就决定了其财务管理的多层次；由于企业集团与成员企业之间资金纽带联系的松紧程度不同，这就决定了其财务管理必须实行分权管理。同时，他们还将当代集团企业管理模式分为三大类，包括了核心层企业、紧密层企业和半紧密层企业，这三类企业的财务管理分权模式是不一样的，简而言之，财务管理的分权模式必须与企业管理模式相互协调匹配。也有学者从信息成本以及代理成本的角度解释了企业财务管理的集权式与分权式选择的内因。李志强（2000）与胡美琴和张爱民（2003）认为，财务决策权是企业财务治理与财权配置的核心，财务分权的模式需要充分权衡代理成本和信息成本，同时还需要兼顾企业规模、信息网络技术、环境变化速度以及政府干预等因素。还有学者开始思考集团企业财务管理分权的利与弊。如张彦茹（2001）指出，财务分权管理模式下，可以帮助不同层次的管理人员对日常经营活动及时作出有效的决策，以迅速适应市场变化的需求，还可以有效调动各级管理人员的积极性和创造性，提高工作效率和工作质量。但是，分权模式也有可能滋生一系列代理问题，如下级管理层以牺牲企业的长期利益为代价，来使自己的利益最大化，同时各分权管理单位有可能发生利益冲突，增加摩擦和竞争，最终会造成企业资源的浪费。王芳和陈升阳（2002）与刘莉和王芳（2002）认为，财务分权管理的层次应该包含三个大的方面，包括所有者财务、经营者财务和财务经理财务，所有者财务是对经营者财务行为的约束，经营者财务是企业财务的精髓，财务经理财务则是具体操作性财务。张小丽（2006）提出实行会计集中控制需要健全完善的责任会计制度作为保障。

也有部分学者开始关注到企业分权对管理会计信息系统的影响。

冯巧根（2000）认为随着知识化和信息化等现代管理理念对企业组织结构的冲击，企业逐渐由传统的金字塔型转向为扁平型、网络型甚至无中心型的组织形式，这种以分权管理为主要内容的组织形式给管理会计带来了新的机遇和挑战，并促进着管理会计研究向新的方向发展。张彦茹（2001）提出随着企业的层级增多，企业上级对下级逐渐开始分权，企业责任会计制度必须相应地建立以保障上级对下级的控制。胡美琴和张爱民（2003）提出在组织分权程度与为此产生的一系列代理成本之间的最优选择，在这种最优选择下，企业通过组织分权可以有效地改善企业对外部环境变化的反应速度；同时，他们还进一步提出，在组织分权的情况下，管理会计需要突破传统信息计量和评价模式，充分考虑知识及知识资源对组织分权的影响，并将其作为变量之一，重新确定绩效度量体系和建立业绩计量标准。张小丽（2006）认为随着组织分权模式的加剧，企业有必要通过建立现代责任会计制度以保障企业内部控制。苏琴（2011）在通过观察当前的高校管理及会计信息系统现状之后，发现当前高校组织也开始由传统的直线管理方式，逐渐向分权式管理转变，随之而来高校会计信息系统也产生了会计信息失真等一系列问题，为了解决这些问题，高校需要建立良好的会计控制系统帮助企业管理。周蕊（2012）认为随着现代企业组织的扁平化，企业的管理会计也需要与之匹配进行相应的转变。

2.1.2 中国企业会计分权的实地调研

为了充分理解企业会计分权的收益和成本，Indjejikian and Matějka（2012）对美国境内企业经营业务单元经理、CFO及管理会计师进行了实地访谈，从而获得第一手的实地调研证据。实地调研围绕以下两点展开：第一，是否大部分企业会权衡分权化与集权化会计信息系统所带来的控制收益，并同时考虑要求经营业务单元经理向上级单位提供与自身业务经营决策不相关的信息所产生的成本。第二，会计分权是否在一定程度上与企业分权直接或间接地存在相关关系。通过实地访谈，Indjejikian and Matějka（2012）发现，其一，集权的会计系统具有标准化的会计信息呈报格式以及呈报内容，同时要求上下一致的会计政策以助于企业的控制；其二，会计人员会在旨在满足上级单位管理控制的标准化会计信息报告，与旨在满足所在经营业务单元内管理层决策需求的个性化会计信息报告之间做出一定的选择；其三，会计信息系统的分权程度在一定程度上与企业经营决策分权程度相互关联；其四，会计分权与经营分权之间存在一定的相关关系，即以往针对经营分权的影响因素或多或少地也会影响会计分权。

通过上小节对于以往会计分权相关文献的回顾与评述，我们发现我国尚未出现直接针对会计分权的研究文献，且会计分权作为企业内部经营管理的一个中权力格局，也很难从上市公司公开披露的数据获得，基于以上两点考虑，本书在实地调研中也设置了针对会计分权的访谈题目以帮助我们理解基于中国制度环境下，企业经营管理实践中，上级单位对于下级经营业务单元的会计分权现状。

（1）会计分权的现状与影响因素

四川省成都市 CYZY 股份有限公司财务部科员介绍道："会计分权，我们原来在学校里面只讲过组织分权，你是不是想说我们与底下的（下属厂）会计方法不一样哇？其实大多数都是一样的，业务差不多嘛！我们总公司就是起个汇总作用……至于是否选择可以选择会计政策，好像也不是太复杂，可能也就是折旧啊，还有一些入账的方式方法不同吧，这些好像不重要，我们应该算是有的……其实，我觉得最关键的还是年终考核，你不晓得，我们每年年终考核的时候，就是各个下属长厂长还有主会去吵架，这个内部很难平衡，多给你算点，来年的资源就丰富点，少算点，你今年全厂的奖金都要少，这个时候关键就是博弈了，总公司很多成本都想分摊我们下面来，大家只能搞博弈……"

同时，四川省成都市 ZTLG 股份有限公司财务总监在谈到会计分权时，指出："其实，上级单位只想要个效益，你只要能赚钱就行了。具体的管理还是要靠我们派到现场的项目经理来实施。这是个管理的艺术问题，如果我们对于项目经理限制得太死了，人家肯定不会干！总之，人家管理一个项目，在一定的责任范围内，肯定是要有一定的权力的，不然下面的人谁服管呢？至于，你们所提到的会计是否给予了下属单位一定的自主权力？我看来是有的，像我们的施工单位，很多时候出去了就会遇到各种各样的问题，如果事无巨细地全部要靠我们总公司统一，咋个管得过来呢，那这个账就没有办法做了。所以我们这几年也注重将一部分年轻人特别是从你们财大毕业的学生送到项目上去锻炼，专业功底扎实，上手快，很多时候需要他们自己判断怎么做，我们只管考核……"这说明，在我国民营建筑施工企业中，由于上级较多关注于下属企业是否可以创造利润完成业绩指标，从而为股东创造价值，所以对于下属经营业务单元的经理人的会计授权管理程度较高。同时，他还指出："项目经理，开展一个项目，各方的关系都需要平衡，会计如果限制太死了，那么很多事情就不好办了，水至清则无鱼嘛。有些项目经理个人能力强，不仅现场管理具有丰富的经验，人家自己带个会计来还能帮着项目融资，这给我们总公司省了不少事。"

但是，四川省德阳市 DYEZ 股份有限公司成本科科长在访谈中却指出："当然不存在会计分权这个说法了，但是会计核算的口径我们与子公司还是存在差距的，我们是大型装配企业，其实成本核算方法特别是用物用料核算方法还是较为简单，可能真正比较让人敏感的是各个厂的费用摊销，以及我们总公司派的任务的费用摊销问题，年终的时候还是与他们下面企业存在沟通的问题。当然，在我们国有企业，很多事情都是靠沟通的，只要大家觉得合理，费用成本的方法是可以商量的嘛！"

综合以上实地访谈中受访者的观点，关于会计分权在实践中的现状与影响因素，我们可以初步总结出以下结论：第一，虽然我国会计实践中，尚未出现明确的组织会计分权概念，但是无论是国有企业还是民营企业已经在实践中摸索出一套适合自身经营管理特征的会计分权方式，即会计分权普遍存在于企业中；第二，在不同产权性质、不同行业背景以及不同市场环境下的企业中，会计分权的程度可能完全不同，即会计分权的形成受到一系列企业外部环境以及内部环境因素的影响；第三，会计分权的本质是一种权力的分配与平衡，它形成的内在机制可能是上级单位与下级单位之间的权力博弈的结果；第四，会计分权在我国不仅包括会计核算程序的权力分化，在部分企业中也包括融资权力的分配。综合以上实地调研证据，本书初步形成了会计分权选择的模型，如图 2.1 所示，当然更准确的模型还需要基于理论分析，如后文所示。如图 2.1 所示。会计分权是由组织内部，上下级单位中的经理层与会计师共同博弈形成的一种会计权力分配机制，会计分权需要和经营分权相互匹配，它的形成还同时受到下属经营业务单元内外部环境因素的影响。

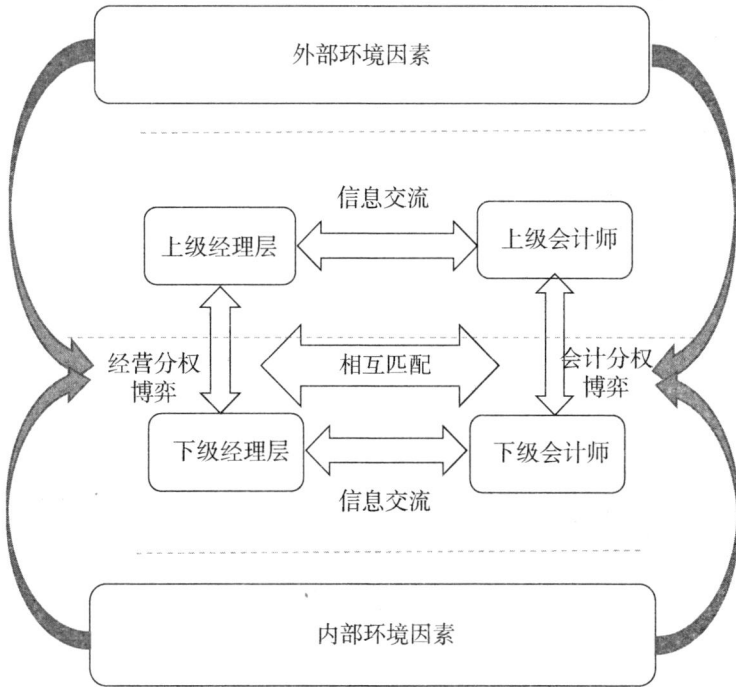

图 2.1　会计分权形成模型

（2）会计分权的现实意义与经济后果

四川 ZTLG 股份有限公司财务总监在谈到会计分权时，还指出："我们是民营企业，但是我们的管理水平还是很高的。这几年我们从国有企业挖过来了大量的项目经理，也有很多会计跳槽到我们这边民营的来。这些人也确实在现场管理特别是在和甲方以及监理沟通方面给我们带来了很大的提升。这些项目经理个人能力都是很强的，我们请人家来帮着做（聘任为项目经理），我们肯定要给人家高薪嘛，人家只要能带来效益，我们上面当然接受，至于您所说的会计核算方法，我们一般是下面公司派个会计，会计人员自身需要平衡这种关系了，他是我们派下去的……我们当然希望下属项目经理自己有能力贷款咯，总公司毕竟能力有限嘛，如果我们项目经理他自己流水不紧张，愿意拿去投资，那是个人的事……"因此，我们可以得知，在部分企业中，上级单位通过向下属企业进行会计分权管理，可以充分发掘下属企业融资等获取资源的能力，从而为企业创造价值。

某民营企业集团下属农业投资子公司财务总监（在职 MPAcc 班学员）在下属子公司，企业投资决策方面也表达了自己的观点。"我所在的公司是搞农业投资的，我们的规模并不大，我们的上级公司是一个控股公司，他所有的业务都是分到下面的子公司来经营的，与我们平行的单位包括教育投资公司和一家房地产公司及物业公司，大家的业务各不相同，当然会计是完全自主的。给你举个例子，就拿我所在的农业投资公司来讲，我们下面还有一个全资酒庄，一个全资园林公司，一个全资水产公司，一个全资农产品销售公司，都是独立法人……当然，会计方法都不一样，每个子公司都有自己的经理，年终，我们只进行简单汇总，再向上面公司报业绩……我没有办法限定死下面公司的会计程序，办不到，也不现实，但是每年是否赢利这个不是利润说了算，我们是看现金同时参考一些人为的因素，比如年底看项目运行是否合理"。这说明，在部分民营企业中，由于下属子公司业务与上级母公司完全不同，所以被迫选择了会计分权管理方式。同时，在分权管理模式下，因为上级母公司与下级子公司会计核算方式存在较大差异，所以在业绩评价时，下级子公司的会计信息很难作为业绩评价基础，更多采用综合业绩评价的方式，既充分考虑财务指标也考虑主观指标。

某大型国有企业集团下属销售子公司财务总监对于会计分权对公司会计信息系统以及会计程序发表了自己的看法。他认为："我个人觉得，对于我们这种销售公司而言，关于存货的计量可能是最让人头痛的，我们集团旗下的产品几十种，我们公司只管销售，而且销售公司也不止我们一家，各家还是有各家的具体问题，比如哪些东西用先进先出法（FIFO），哪些东西用后进先出法（LIFO），这是有讲究的。再说，有些单位上了电算系统（有些单位没有），有些单位用的软件又不一样，很难统一，基本是靠我们下面的会计人员自主操作。反正年底，向老板（指上级企业）交钱就可以了。"

某大型国有企业集团下属生产子公司财务总监（在职 MPAcc 班学员）在填写问卷后，对于会计分权后，会计人员在向生产子公司经理层呈报信息方面，也发表了自己的看法，他认为："我们集团其实上下会计程序基本上是统一的，毕竟都是用了一套金蝶系统嘛。我们会计人员流动性是很大的，轮岗换岗非常普遍……会计人员在流动中，也就相互交流了知识与经验。这几年，我们都不断从高校招聘会计……部分业务如果大家都没有接触过，这个就只能靠我们下面的业务人员去判断了，不能什么业务都找上级单位解决嘛，下面的公司老总（经理人）也有自己的想法（特定的信息需求），我们必须按照他的想法，有些时候收集整理下相关的信息。……特别是原材料方面的信息，我们很多原材料的供应商并不统一，价格常常波动，我们这边肯定必须相应作调整"。该点意见在一定程度上支持了本书的研究结论，即分权式的会计信息系统下，经营业务单元的会计师或者管理会计师获得了更大的自主权力，方便其发挥自主能动性，服务与经营业务单元特殊的信息需求，为经营业务单元经理经营管理决策提供信息支持。

综上，我们不难发现会计分权的本质上是一种企业内部的权力分配机制，是上级单位与下级经营业务单元之间的权力分配格局，是权衡企业内部各相关因素的结果，其形成不仅受到多方面因素的影响，而且不同程度的会计分权也会对企业经营管理产生不同程度的影响。

总结起来，实地访谈为我们揭示了以下几点：其一，在我们的受访企业当中，当前普遍还并不存在明确的会计分权这个概念。其二，虽然在受访企业中，会计分权概念尚不明确，但是这些企业在面临日益激烈的竞争和挑战时，也在不断吸取着国内外先进管理经验，不断地根据自身的实践状况、实际需求调整着企业内部管理程序和方法。在企业采取分权管理时，会计信息系统设计和运营的权力也被自然分化到下级单位。其三，会计分权的形成是多种影响因素共同作用的结果，在企业中，常常需要上级单位和下级单位博弈形成，不同的企业由于经营环境的不同，选择分权的方式与程度也不尽相同。其四，在一定程度上，会计分权对于下属经营业务单元的会计师包括管理会计师既是机遇也是挑战，分权管理模式下的会计信息系统既有助于管理会计师为组织经营管理发挥信息支持的作用，同时也要求管理会计师发挥自主能动性参与组织经营管理决策中。

2.2 管理会计师角色研究综述及实地调研

在很长一段时间内，西方的管理会计师就常常被媒体调侃为"数豆子的人（Bean Counter）"。这其实是由于管理会计师乃至整个会计师团体的工作都是与"枯燥乏味"的数据打交道，即无法像职业律师和职业医生那样较多直接接触公众，也无法像企业 CEO 那样作为企业的形象被推向前台，形成良好的职业形象。这就决定了管理会计师确实难以使公众感性地体会到管理会计的重要性，也难以摆脱给公众留下呆板守旧的印象。当然，用"数豆子的人"来形容管理会计师肯定是有失偏颇的，一般认为，管理会计师是指在组织内部从事着以预算、成本控制以及业绩评价为基本工作的会计师，这些工作显而易见都是现代企业有效经营的关键。那么，究竟什么是管理会计师呢？应该如何定义管理会计师在组织经营管理中的角色呢？Atkinson et al（2004）、Verstegen et al.（2007）以及 De Loo et al.（2010）都延续了 Anthony and Young（2004）对管理会计师的定义：管理会计师在组织实现其经济、社会以及（或者）财务目标的管理中发挥着支持与建议两大作用，其中支持作用具体包括了设计与维护管理控制系统和会计信息系统，以及信息的采购与收集。①

---

① 原文为：A management accountant supports and advises the management of an organization in realizing the management of an organization in realizing their economic, public and/ or financial goals. Support is interpreted in terms of the design and maintenance of management control and accounting information systems, and the procurement and distribution of information.

Jarvenpaa（2007）认为，管理会计师就是组织内部，通过为企业管理层经营决策和管理控制提供特定的信息以辅助经营决策，从而为组织不断地创造增量价值的会计师。近些年来，随着全球范围内企业的发展壮大、经营业务的逐渐复杂化以及信息化对于企业的冲击，管理会计这项工作在组织经营管理中的地位越来越凸显，职业化、专业化管理会计师的社会需求也越来越大，甚至形成了巨大的职业缺口。同时，管理会计的专业学术团体包括各类管理会计师协会也一直都很重视管理会计师这项工作在媒体和公众之间的形象重塑，努力地为管理会计师正名。IMA（2001）调查表明，尽管亚洲经济危机后，全球经济遭遇了衰退，但是 IMA 成员 2001 年的平均报酬仍然比 2000 年增长了 6%，这种显著的增长趋势从 1992 年起就持续至今。CIMA（2013）调查显示高收入人群中 CIMA 考试全科合格者的人数是管理级学员人数的接近两倍。IMA（2012）报告也表明，美国次级贷款危机爆发以后，全球经济普遍下滑，表现为全球需求不足，新兴市场增长速度放缓，企业要度过此次危机，CEO 必须将经营管理的重点转移到对内合理的分配资源，对外提升客户满意度上来，这就给予了管理会计师良好的发展空间。管理会计师应当站在CEO 的角度，重新审视管理会计工作的重点，辅助 CEO 有效分配资源应对市场变化，度过危机。① CIMA 的首席执行官查尔斯迪利也认

---

① CIMA，即英国皇家特许管理会计师公会是全球最大的国际性管理会计师组织，同时它也是国际会计师联合会（IFAC）的创始成员之一。IMA，美国管理会计师协会（The Institute of Management Accountants，简称 IMA®）是一家全球领先的国际管理会计师组织，旗下的管理会计师认证资格为 CMA。CGMA 是由英国皇家特许管理会计师公会（CIMA）和美国注册会计师协会（AICPA）联合推出的国际会计师头衔。

为管理会计师可以给公司带来竞争优势。具有前瞻眼光的企业领导人，应该看到管理会计师能够充分运用各种商业智能及信息情报的能力。管理会计师的迅速崛起，管理会计师应以管理为导向的理念，很快引起了学术界的高度重视，学术界开始将这种崭新的管理会计师角色，重新定义为"商业合伙人（Business Partner）"（Bougen，1994；Friedman and Lyne，2001）。管理会计职业（The Management Accounting Profession）的转变很快引起了研究者的关注（Russell et al.，1999；Burns and Yazdifar，2001；Burns et al.，2003；Baldvinsdottir et al.，2010）。Sorensen（2009）为此曾强调，各类与会计实务相关的媒体（包括杂志和报纸等）已经越来越关注管理会计师在实务中是否能协助经理人发挥管理职能。甚至有学者干脆直接指出，管理会计师这个职业当前在公司经营管理中已经进化成为管理团队的一员（Granlund and Lukka，1998）。然而，IMA 报告（2007）和 Lambert and Sponem（2012）的调查都表明，现代管理会计师正在逐步从传统的信息提供者向"商业合伙人"转型，虽然从当前管理会计发展水平来看，也并非所有企业会计师将自身定位为商业合伙人，但是"商业合伙人"作为管理会计师的未来职业的发展方向，也已悄然成为学术界和实务界的一种共识。

遗憾的是，当前学术界对于管理会计师角色由传统"数豆子的人"转变为"商业合伙人"内在机理，以及受到哪些因素的影响当前实证研究还稍显不足。这源于两方面的原因：一方面管理会计师"商业合伙人"的概念提出较晚，相应的研究起步也较晚；另一方面，如 Pierce and O' Dea（2003）所述，以往的研究主要关注于管理会计信息使用者（Perceptions of users），而对信息编报及分析者

（Perceptions of designers/Analysts）却少有涉及（Weitzel and Graen，1989）。Hopper（1980）认为，管理会计师在经营业务单元中需要同时扮演两种角色，一种是"簿记员角色（Book - keeper Role）"，一种是"服务员角色（Service Role）"，其实这种描述与"数豆子的人"和"商业合伙人"本质是一样的。前者主要强调管理会计师的核算职能，后者主要强调其决策支持职能。Byrne（2010）通过实地研究发现并强调，管理会计师的角色冲突往往会削弱其向管理层提供信息的质量，组织内对管理会计师定位的模糊也将直接导致管理会计师在工作中无法象管理层及时输送有用的管理会计信息，最终将影响管理层的决策效率，降低企业管理绩效，管理会计师的角色问题对于现代组织经营管理来说至关重要。研究管理会计师在组织经营管理的角色的前提是从历史角度，厘清管理会计师职业发展的历程，回顾管理会计师职业发展的历程又绕不开管理会计实践的发展历程。

因此，本节具体分三部分回顾并讨论管理会计师角色的研究与真实环境中管理会计师的工作。第一部分回顾管理会计师角色的历史演进过程；第二部分回顾并评述管理会计师角色相关研究文献；第三部分通过实地调研，客观展现我国管理会计师与管理会计工作的真实现状。

2.2.1　管理会计师角色的历史演进

以往文献表明，中西方管理会计实践发展经历了不同的历程（Chow et al.，2007；胡玉明，2009；Boyns and Edwards，2007；Ewert and Wagenhofer，2006；Fleischman and Tyson，2006），这说明中

西方管理会计师职业的发展历程也不尽相同，换句话来说，中西方管理会计历史性的差异造成了中西方管理会计师的血缘存在较大的差异。因此，厘清管理会计师角色的历史演进过程，不能将中西方管理会计师混为一谈，而应该从管理会计实践的发展历程着眼，加以区别，分别叙述。

（1）西方管理会计师角色的历史演进

其实不同的学者关于西方管理会计实践发展的历程依然存在较大的争论，其中争议较大的就包括管理会计的起源。我国学者胡玉明（2002）认为，从会计产生和发展的历史也可以看出，在会计产生时，在所有权与经营权尚未分离时，在没有委托—代理关系的情况下，会计一开始就是为企业内部管理服务的。会计一开始就是现在人们所说的管理会计。即使站在今天的角度看，被普遍视为财务会计的重要组成部分——会计核算也是为企业内部经营管理服务的，甚至被公认为财务会计典型特征的复式簿记（广而推之包括总账与明细账的平行登记、账证、账表以及表与表的核对）从本质上讲，与其说是一种科学的记账方法，不如说是一种内部控制制度。然而，西方学者却普遍接受以 Ittner and Larker（2008）为主流的观点，即将现代西方管理会计分为四个阶段，包括 20 世纪 50 年代以前，重点主要是通过成本会计系统和预算进行成本确定和财务控制；到 60 年代中期，管理会计的重点转移到为管理计划和控制提供信息，局限了管理会计的责任范围，并集中关注会计信息；从 80 年代中期开始，转为强调减少业务过程的浪费，关注质量、作业、过程等非财务环节；进入 90 年代中期，从传统的强调面向财务的决策分析和预算控制，发展到强调识别、计量和管理影响股东价值的关键性财务和运行动因，从而包含更多战略和方法。Johnson and Kaplan（1987）却认为管理会计实践水平从 20 世纪 20 年代开始一直处于停滞不前的状态。他们认为，近年来管理会计实践一直没有多大的变化。目前的管理会计体系仍是几十年前研究成果的产物，难以适应新的经济环境。这种早已过时的管理会计体系目前存在很大的危机，管理会计信息失去了决策的相关性（Relevance Lost）。这种极端的观点很快遭到了部分学者的回应。Bromwich and Bhimani（1989）认为尽管近年来管理会计在知识体系和技术方法上并没有多大的变化，但是，管理会计实践的性质却发生了变化，并将这种变化形容为渐进中的进化而非彻底的革命。他们并不认为管理会计目前存在十分严重的危机，即使存在，也不像 Johnson and Kaplan（1987）说的那么严重。虽然 Johnson and Kaplan（1987）的观点较为激进，但是，不可否认的是，他们的观点也确实揭示了管理会计整个行业必须面对的一个尴尬的事实，管理会计实践发展缓慢。"相关性的遗失"也就从侧面印证了为何以管理会计作为职业的管理会计师在公众中的形象如此狼狈，何以沦落成"数豆子的人"。

其实，在西方市场经济制度下，会计这个职业虽还是受到中产阶级的普遍青睐的，但是公众先入为主的偏见依然存在。Beard（1994）在检验了 16 部 Hollywood 票房收入较高的电影后，发现大多数会计师都被电影描述成为古板的喜剧角色（Stock Comic Characters），会计师的形象难免给人产生一种一心一意并执迷于斤斤计较以及形式至上的感觉。20 世纪 90 年代初，随着全球化进程的发展，特别是中国、印度等新兴经济体加入到世界产业链中，新技术和原材料的获得门槛不断地降低，获得的成本也不断地降低，市场竞争不断加剧，利润空间不断压缩，此时企业必须对以往占领市场扩大销售的传统模式做出调整，兼顾向内审视以提高管理水平，节约资源练好内功。受到全球化的影响，管理会计的地位也越来越彰显，由于管理会计工作在分配资源方面具有不可替代的作用，管理会计师能够充分运用各种商业智能及信息情报的能力，管理会计工作与管理会计师也就很快获得了企业管理者的青睐。此时，管理会计工作的重心也从传统的强调面向财务的决策分析和预算控制，发展到强调识别、计量和管理影响股东价值的关键性财务和运行动因，从而包含更多战略方法。当放下成见，重新审视管理会计实践在组织经营管理的作用时，Johnson（1992）不得不以"相关性重拾（Relevance Regained）"来形容管理会计重新找到了其价值所在。管理会计师"商业合伙人"这种以管理为导向的新形象开始逐渐走上了历史的舞台。

（2）中国管理会计师角色的历史演进

我国现代的管理会计既年轻又古老。尽管管理会计的概念我国从 20 世纪 70 年代末期，改革开放以后才从西方引进，但是我国现代管理会计实践的发展起步不晚。早在改革开放以前，传统的计划经济体制下，我国国有企业为了适应从上至下的管理模式，经济统计人员执行由上至下的资源分配工作，其主要职责是进行预算与核算，其一些主要的核算手段，如成本计划、财务计划、成本会计、全面预算等仅仅是在名字上与西方发达国家不同而已（Chow et al.，2007；胡玉明，2009；欧阳清；1998；Ji，2001）。

建国初期，我国面临落后的经济发展水平和不合理的经济结构。我党的首要任务是如何尽快改变不合理的经济结构，提高工业化水平特别是提高重工业在工业结构中的比例，因此中国选择了重工业优先发展作为经济发展的战略（林毅夫等，1997）。为了实现发展重工业的战略，我国政府不仅要掌握资源的配置方向，而且还要控制生产经营过程所产生的剩余收益。由此中国相继实行了人为扭曲产品和生产要素价格的宏观政策、高度集中的资源计划配置制度，以及没有自主权的微观经营机制。国有企业这种特殊制度安排便应运而生。国有企业这种特殊的治理结构是内生的，按照当时设计，国有企业本来就不具备企业的性质（吴敬琏，1999）。国有企业是一个"超经济性质"的组织，它的使命是弥补市场的缺陷。国有企业的制度特点是企业在生产、供应和人力、物力、财力等各方面的权力全部由政府计划完成。在传统的计划经济模式下，企业管理的财务核心工具并非会计信息系统，而是与计划经济体制相互匹配的经济统计工作，换而言之，这个阶段国有企业的管理核心工具是统计工作而非会计工作。经济统计工作通过各级统计工作完成计划的分配、监督与考核。在计划经济体制下，从管理会计的角度看，国有企业充其量是一个"成本中心"，最多也就是一个"人为利润中心"。这样，成本作为唯一的可控指标，成本计划及其完成情况成为国家考核国有企业完成生产任务的重要手段。这一阶段，我国企业已经形成的一系列有关管理会计的技术和方法，大多数与成本核算和控制有关。其中，班组核算和经济活动分析可以说是当时我国管理会计的两大法宝（胡玉明，2002）。可以说这个时期，国有企业中的经济统计就是管理会计的前身，经济统计师就是最初的管理会计师。

自 1978 年 12 月十一届三中全会起，中国开始实行对内改革、对外开放的政策，我国进入改革开放阶段。1992 年 10 月，中共第十四次全国人民代表大会提出建立社会主义市场经济体制的目标，要求完善市场环境，转换企业经营机制，构建社会主义市场经济的微观基础，使企业成为真正以市场为导向的资源配置主体。余绪缨等（1989）认为中国企业管理从"生产型管理"向"经营型管理转型"，主要表现在：企业从与市场隔绝转向面向市场；企业的地位从执行者转向决策者；企业计划的安排从"以产定销"转向"以销定产"；企业的工作重点从追求效率转向追求效益。从20世纪70年代末起，我国学者开始大力引进和推介西方管理会计理论和方法，适逢西方管理会计自身也正在根本性变革，可以说，我国管理会计和西方管理会计取得了同步发展。时至今日，我们基本上完成了对西方整套管理会计理论和方法的引进、吸收，甚至有一定程度上的整合、创新。根据学者对我国管理会计实践的调查（冯巧根，2002；熊焰韧和苏文兵，2008），管理会计"传统知识体系"在我国企业都有一定程度的应用；即便是作业成本法（ABC，Activity – Based Costing）（王平心和于洪涛，2001；潘飞，2007）和平衡计分卡（Balanced Scorecard）（毕意文和孙永玲，2003）等管理会计"新宠"在我国也有其应用的典型案例。胡玉明等（2005）认为中国管理会计理论与实践伴随着中国改革开放，"一路同行"，"与时俱进"，不断发展。在这一阶段，如图2.2所示，在我国国有企业中，改革开放以前的计划经济模式下的统计系统转化为管理会计信息系统，同时我国从西方引进了以"借贷"为基础的财务会计信息系统；计划经济模式下的经济统计师也通过转化、分流形成了现代国有企业中的管理会计师和财务会计师。回顾我国改革开放前后的管理会计实践的历程，我们还可以发现我国是在逐步引入了西方的会计制度后，国有企业的会计模式才开始从以统计为中心转向以财务会计为中心。我国管理会计实践受到经济体制和企业形式以及其他一些因素的影响（O'Connor et al，2004；杜荣瑞等，2008；杜荣瑞等，2009）。无论在改革开放前还是改革开放后，政府在管理会计实践中始终扮演着导向的角色。政府明确、有力的导向性确实促进了相关管理会计理论和方法的广泛应用，以及示范性、样板性案例的形成，但也有学者持否定意见。

改革开放后，除国有企业以外，我国另外一支力量作为国有企业的补充、市场主体的一部分也开始迅速崛起，这支力量就是民营企业。不可否认我国较多的民营企业前身也是国有企业和集体企业。20 世纪 90 年代末期，我国民营经济渐成气候，但相当一部分国有企业在经历了"拨改贷、利改税"的改革后，由于管理水平低下，技术落户，长期处于低效亏损的状态，濒临破产。中央为了调动经理人的积极性，将部分国有企业通过变卖或者承包的方式转让给了国有企业的经理人，实现了管理层收购，这部分企业统称转制企业（张维迎，1996）。这部分转制企业虽然已经成为民营企业，但其管理会计系统的建立与当前国有企业高度相似，也是从过去计划经济时代的经济统计脱胎而来，只是在后期由于产权变更的因素，在进一步改革中，管理会计的运用程度不同罢了。当然，我国当前大多数民营企业还是在改革开放后，以从无到有的方式成长起来。处于转型经济的我国企业，由于国有企业和民营企业的产权性质不同，管理会计工作的前身也存在较大的差异。如图 2.2 所示，国有企业大多数拥有较长的历史，经历了由计划经济体制到市场经济体制的转型，管理会计是由传统的经济统计脱胎而来，而民营企业虽也受到一定的政府干预，但是从一开始设立便是采取现代企业模式，管理会计技术也大多是从西方引进的。随着当前我国市场经济体制的逐步完善，在不断涌现的民营企业当中，管理会计的地位也日渐提升，我国部分民营企业甚至专门成立了管理会计部门，统筹分管管理会计工作。这些部门的管理会计师也较为接受西方的管理会计技术，如全面预算、作业成本法以及平衡积分卡等。

综上，我们可以得出，我国的现代管理会计师的一大特征是，同时具备了先天性优势以及后发优势。传统的国有企业管理会计师，是由传统的计划经济体制的经济统计师转化而来，其从事的管理会计实践工作与计划经济体制下的工作本质上并无太大差别，在后期又逐渐吸收了一些西方管理会计实践的理论与方法，从而完善自身；我国的民营企业的管理会计师整体上从一开始就走了全盘西化的道路，在自身的发展过程中又吸收了部分国有企业先进的管理理念。

此外，我国现代管理会计师的另一个特征是角色模糊。这源于我国当前大多数企业虽存在管理会计实践，但管理概念依然模糊，表现为管理会计部门不独立于财务会计，管理会计工作常由财务会计兼任，管理会计实践水平参差不齐。比如，在以往的调研中，我们关注到某股份制商业银行——ZX 银行四川分行中，具有管理会计功能的部门并非传统的会计部门，而是单独成立了计划财务部，分管公司企业预算、成本控制以及最终业绩评价等工作；在我国大型建筑施工企业——ZTEJ 中，管理会计的多项具体工作被分散到与会计相关的不同部门中，这些部门虽然相互独立，但是都由财务总监统筹管理，包括合同部、成本控制部、会计部等；而在我国某国有大型装备制造业企业——DYEZ 中，管理会计却以财务部下属单位的方式存在，具体设

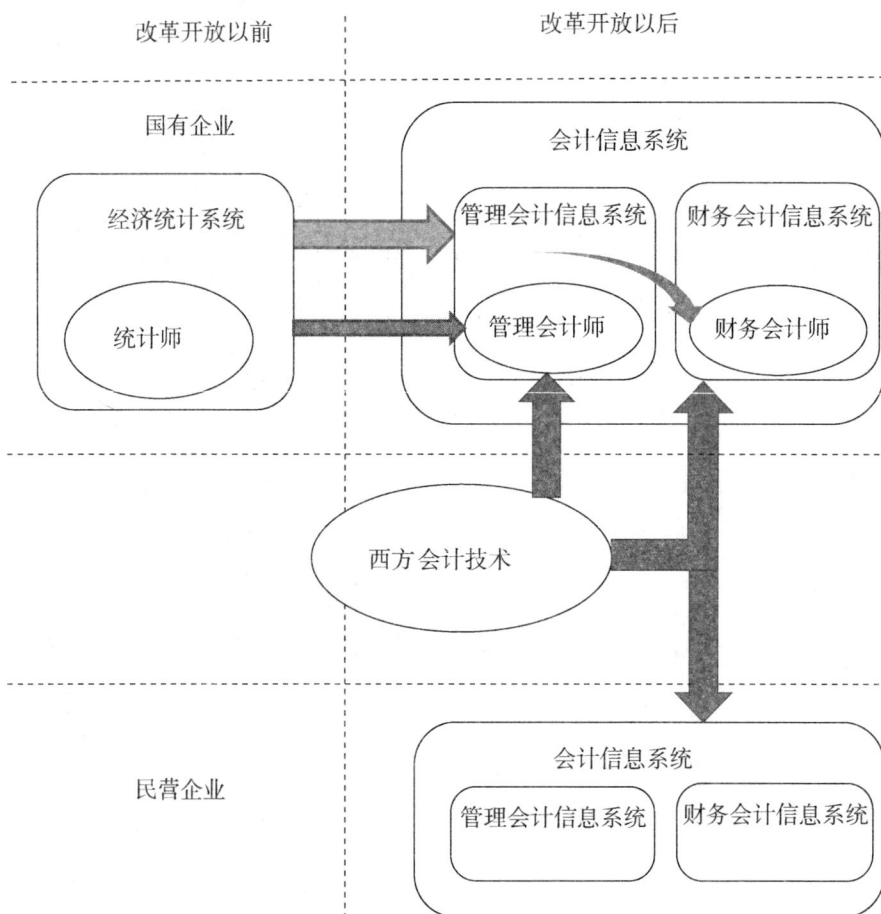

改革开放以前　　　　　　改革开放以后

国有企业

经济统计系统

统计师

会计信息系统

管理会计信息系统　财务会计信息系统

管理会计师　　财务会计师

西方会计技术

民营企业

会计信息系统

管理会计信息系统　财务会计信息系统

图 2.2　管理会计实践与管理会计师发展路径

计方法是集团总公司财务部下设资金科、会计科、预算科、成本科等科室，其中预算科和成本科的工作就是以管理会计为基础，分别履行预算控制和成本控制两项职责，下属子公司（各个生产单元）在财务处又专门设立分管预算和成本的会计岗位。

2008 年，美国次级贷款危机后，欧洲债务危机又接踵而至，全球经济进入萧条期，需求大幅下滑，我国传统的制造业受到了巨大冲击。另一方面，全球范围内除中国以外的新兴经济体也开始崛起，中国国内人口又面临老龄化压力，人口红利逐渐消失，加之经济长期粗放式增长，高能耗、高资源消耗、重污染的发展方式已使中国的环境不堪重负，中国产业逐渐失去了成本优势。以上因素导致，中国的产业结构亟待升级。产业升级的命脉就是技术进步，产业升级的目标就是转变经济发展方式，由高资源消耗型转为集约资源型。由于管理会计作为企业内部资源的监督者，其地位在升级过程中不言自明。因此，当前我国也兴起了管理会计的热潮。近日，国资委群众工作局局长谢俊在由国资委、国家外国专家局共同主办、美国管理会计师协会（IMA）协办、《中国会计报》合作举办的"中央企业2011年国际注册管理会计师（CMA）颁证暨培养启动仪式"上表示，截止到2010年年底，我国国企系统已有500多家企业在海外设立了分支机构，面对当前这个情况，国有企业急需了解国外的商业环境、拥有国际化眼光和水平的财会人才。而管理会计理念的引入正好契合了这一发展要求。中注协前秘书长、著名会计学家丁平准也曾对此表示赞同，他认为目前国内传统的财务会计人才已现过剩，财务会计面临着向CMA"搬家"的巨大挑战。据不完全统计，尽管我国持证的会计人员达1500万，但高级会计人才不足40万，且以传统的财务会计知识体系为主要专业技能，真正像CMA这样的管理会计人才缺口达300多万。管理会计师成为中国未来经济发展中最有潜力的职业之一。

本小节以中西方现代管理会计实践的视角，回顾了中西方管理会计师在组织经营管理中角色演变的历程。总结起来，主要结论包括以下几点。第一，中西方现代管理会计实践发展历程具有较大差异，中国的管理会计实践经历了由计划经济体制向市场经济体制的转轨，中西方管理会计师的血缘也具有较大的差异。第二，改革开放后，我国国有企业与民营企业由于产权性质不同，管理会计实践发展历程也存在较大的差异。一般说来，国有企业的管理会计工作是由改革开放前的经济统计转化而来，管理会计师也是由经济统计师转化而来，而民营企业的管理会计实践则大多是从一开始就从西方引进的，管理会计师的理念源自西方。第三，当前我国管理会计实践在不同的企业发展水平还存在较大的差异，中国管理会计师在企业组织内的定义依然很模糊，但是随着经济的发展，当前我国管理会计师的概念正在深入人心。第四，当前西方管理会计实践也得到了长足的发展，管理会计师的地位空前提高，"数豆子的人"的形象正逐渐被正名，管理会计师应该以管理为导向，致力于成为经理层的"商业合伙人"的未来发展理念正渐成主流。

2.2.2 管理会计师角色研究评述

充分理解管理会计师在组织经营管理中"商业合伙人"的这种新角色，需要充分理解以下三个命题：是什么因素主导了管理会计师形象在公众心目中的转变，在企业经营管理中什么因素会影响管理会计师从被动的数据收集整理者转变为以管理工作为导向的管理者？以管理工作为导向的管理会计师对于组织经营管理最终又会产生何种影响？前两个问题一个是从宏观层面解释管理会计师形象转变的问题，一个是从微观的视角，即从组织管理的视角解释管理会计师组织内角色的转变的问题，最后一个问题是解释管理会计师经营管理角色转变的经济后果。

（1）管理会计师角色转变影响因素

Goretzki et al.（2013）认为，由于最初是受到媒体的影响，以往与管理会计师角色转变的研究多从文化和公众的层面研究形象问题，即在宏观视野（Macro - Level）下，是什么因素主导了管理会计师形象从固化的"数豆子的人"转化为"商业合伙人"（Burns et al.，1996；Russell et al.，1999；Burns and Yazdifar，2001；Baldvinsdottir et al.，2009b；Sorenson，2009）。

当然，也有学者回到了组织内部（Intra - organization）的层面，探讨管理会计师在组织管理的过程中，是什么因素主导了管理会计师在经营管理中角色的转变的。关于组织内部管理会计师角色转变的研究，有学者认为从组织内部的层面探讨管理会计师的角色转变问题比从宏观角度更有意义（Ahrens and Chapman，2000）。当前已有文献从不同的角度讨论了管理会计师角色转变的内在机理和外部动因。从外在环境来讲，包括管理会计师所处的行业特征（Goreztki et al.，2013），以及来自外部媒体的压力，即媒体对于管理会计师在组织内应该扮演"商业合伙人"的宣传可以对组织形成一定的压力（Järvenpää，2009）。当然外部环境终归只是一种外在推力，真正主导管理会计师的角色转变的因素应该是源自组织内部环境（Collier，2001；Tsamenyi et al.，2006）。从组织内部环境来看，如随着组织创新性的增强，特别是新技术的引入将促使新的管理会计技术在组织中使用，这最终可能迫使管理会计人员的角色从传统的简单信息收集者，转变为旨在为经理人提供管理决策信息的商业合伙人（Friedman and Lyne，1997；Emsley，2005）；或者 IT 技术的引入（Scapens and Jazayeri，2003；Caglio，2003；Dechow and Mouritsen，

2005；Jack and Kholeif，2008）；或者新的管理会计技术的引用，如作业成本法（Friedman and Lyne，1995）。Friedman and Lyne（1997）通过对 11 家中等规模的公司研究发现，这些公司在引入作业成本法后，以往经理层对于管理会计师"数豆子的人"的形象在一定程度上有一定的改善。为了深入讨论是什么因素导致了管理会计师"数豆子的人"的形象，Friedman and Lyne（2001）进一步指出，新的管理会计技术可能是管理会计师从根本上改变其在组织中的地位的重要推动力，也就是说组织内没有管理会计实践的变革，就没有管理会计师地位的改变。还有学者认为，管理会计师与管理层之间的关系也会影响到管理会计师的角色，管理会计师与管理层之间是否相互合作以及亲密程度是否影响到了管理会计师在组织经营决策中的地位（Johnson et al.，2002；Burns and Baldvinsdottir，2005；Jarvenpaa，2007；Byrne and Pierce，2007；Coad and Herbert，2009；Faure and Rouleau，2011）。还有学者认为组织的分权化管理也会影响到管理会计工作在组织中的地位，进而影响到管理会计师的角色（Hopper，1980）。综合以上研究，De Loo et al.（2010）以管理会计师在组织经营管理中的工作作业为基础，设计了研究量表进行了调查，研究发现影响管理会计师的角色转变的因素包括管理会计师在当前财务部门的工作年限、管理会计师受聘的单位（经营业务单元）在组织中究竟处于怎样的层级、管理会计师自己对于工作究竟是执行者还是思考者、当前组织的财务状况如何、组织规模、公司相关章程以及规定是否具有一定的弹性以及被试者的年龄性别等。总结起来，这些因素可以分为组织外部环境因素、组织内部环境因素以及管理会计师个人因素，如图 2.3 所示。

外部环境因素　　　　所处行业特征　　　　基于媒体的压力

内部环境因素　　　　公司技术特征　　　　经营业务单元的层级

企业产权性质　　　　组织经营分权程度

财务状况　　　　管理层需求

个人因素　　　　工作理念与职业背景

具体工作岗位　　　　管理 会计师角色

年龄、受聘年限、性别等

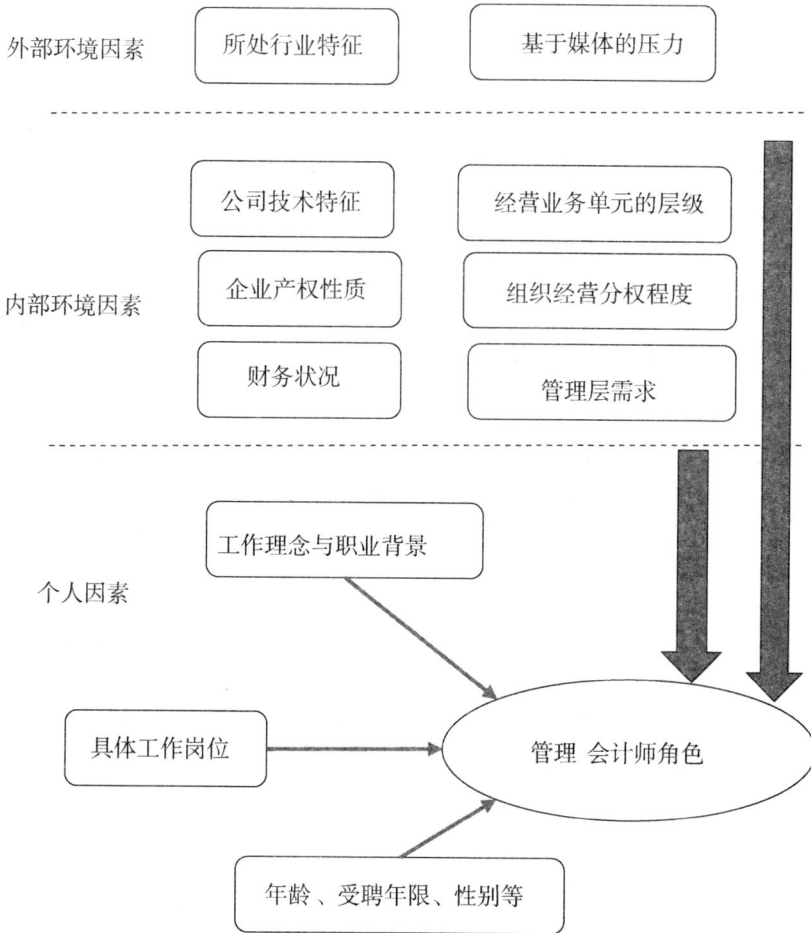

图 2.3　管理会计师角色转变影响因素

（2）管理会计师角色转变经济后果

Emsley（2005）认为管理会计师在企业创新和研发中起到至关重要的作用。在组织创新和研发中，企业管理有可能面临巨大的资源分配压力，管理会计师可以帮助企业经营管理层有效地完成决策组织资源。也有学者认为，以管理为导向的管理会计师将可以帮助企业更好地监督资源履行管理控制的职能，同时也可以帮助企业更有效合理地分配资源，履行决策信息辅助的职能（Johnston et al.，2002；Burns and Baldvinsdottir，2005；Jarvenpaa，2007；Byrne and Pierce，2007；Coad and Herbert，2009；Faure and Rouleau，2011）。

以上文献都是基于西方管理会计师实践的研究结果，那么究竟中国企业中的管理会计师在组织经营管理中发挥着什么样的角色？本节的下一小节将以实地调研获得的访谈资料为基础，以实地研究的方法展现管理会计师与管理会计工作的现状。

2.2.3　中国企业管理会计工作与管理会计师的实地调研

在进行这次实地调研以前，由于以往我所在的管理会计研究团队对国内一些大型企业进行过多次访问与调研，所以我们应该意识到，如前文文献综述部分所述，虽然管理会计师在企业经营管理中的地位越来越高，管理会计这项工作的作用也越来越凸显，但是在大多数企业中，管理会计也并非完全一个独立于财务会计的工种，同时国有企业和民营企业的管理会计的前身也具有较大的差异。

这具体表现为以下几点。其一，大部分企业并没有独立的管理会计部门，多数管理会计工作由相关财务工作部门代替完成，只有极少数企业选择专门设置了独立的管理会计部门，可是部门的名称也往往五花八门并不统一。如在以往调研中，我们关注到某股份制商业银行——ZX 银行四川分行中，具有管理会计功能的部门并非传统的会计部门，而是单独成立了计划财务部，分管公司企业预算、成本控制以及最终业绩评价等工作；在我国大型建筑施工企业——ZTEJ 中，管理会计的多项具体工作被分散到与会计相关的不同部门中，这些部门虽然相互独立，但是都由财务总监统筹管理，包括合同部、成本控制部、会计部等；而在我国某国有大型装备制造业企业——DYEZ 中，管理会计却以财务部下属单位的方式存在，具体设计方法是集团总公司财务部下设资金科、会计科、预算科、成本科等科室，其中预算科和成本科的工作就是以管理会计为基础，分别履行预算控制和成本控制两项职责，下属子公司（各个生产单元）在财务处又专门设立分管预算和成本的会计岗位。

其二，大多数企业没有设置以管理会计师命名的岗位，基本上采取财务会计师兼做管理会计的方法，当然在少数设置有专门履行管理会计职责部门的企业中，这一类财务人员普遍非常认可自己的管理会计师的角色。特别是，调研中我们发现大量的企业财务总监以及毕业于高校会计学和财务管理学并从事财务工作的工作人员在谈到自身工作职责的时候，普遍强调自己的工作重心并非是财务会计，而是以为经理层提供一系列特定的管理会计报告为重心，如编制企业内部分析报告、预算报告、成本信息报告以及业绩评价报告等。

其三，如前文文献综述部分所述，处于转型经济的我国企业，由于国有企业和民营企业的产权性质不同，管理会计工作的前身也存在较大的差异。国有企业大多数拥有较长的历史，经历了由计划经济体制到市场经济体制的转型，管理会计是由传统的经济统计脱胎而来，而民营企业虽也受到一定的政府干预，但是从一开始设立便是采取现代企业模式，管理会计也大多是从西方引进的。在传统的计划经济模式下，企业管理的财务核心工具并非会计信息系统，而是与计划经济体制相互匹配的经济统计工作。改革开放以后，我国逐步引入了西方的会计制度，国有企业的会计模式才开始从以统计为中心转向以财务会计为中心。然而经济统计工作在很大程度上就是我国当前国有企业管理会计的前身。因为经济统计工作执行的是由上至下的资源分配工作，其主要职责是进行预算与核算，其一些主要的核算手段，如成本计划、财务计划、成本会计、全面预算等仅仅是在名字上与西方发达国家不同而已（Chow et al.，2007；胡玉明，2009；欧阳清；1998；Ji，2001）。

因此，我们在实地调研进行访谈的时候，首先，借鉴了 De Loo et al.（2010）的思路，在研究管理会计师这个概念时，应当以管理会计师的工作作业为基础，即研究视野不能局限在特指某一类操作管理会计工作的具体个人身上，而应该将概念扩展到具有管理会计功能的部门以及从事过管理会计工作的财务人员这个范畴之上。这也是后文问卷设计中，关于如何衡量管理会计师角色的基本思路。其次，在访谈中兼顾了国有企业和民营企业管理会计师的历史问题，并进行了有针对性的区别。

（1）我国管理会计工作与管理会计师的现状

对于当前，我国管理会计师的现状，本部分截取了几段具有表率性的访谈记录。这些访谈记录，包括我国国有企业和民营企业中管理会计师的起源问题，以及当前我国企业中，是否有明确的管理会计师定义，管理会计工作是否与财务会计工作独立，企业是否独立设置了管理会计部门，管理会计工作具体由谁操作等，以与前面部分的文献综述相互印证。

本次访谈中，四川省简阳市 DCTY 机械制造有限责任公司总会计师指出："我已经是快要退休的人了，我刚进这个厂的时候，并不是搞会计的，我父母都是这个厂的工人，所以我高中毕业就顶了我母亲的岗位，后来因为身体不适应炼钢，所以就调去搞统计了……我们那个时候（改革开放以前）的会计不叫做会计，根本没有会计，就是做一个核算，国家要你生成多少就是多少，用料用物都是一定的……后来（改革开放以后），突然就要我们学习会计，'借'、'贷'的概念当时觉得很奇怪，我们那个时候很多老会计（会计师）都搞不懂，我年轻嘛，很快就搞懂了。……我也没有经历考试直接就给我发了个会计证……现在，回过头去看，其实预算、成本控制啊包括业绩评价啊我们改革开放以前就有了，改革开放以后不过是多了一套以'借贷'为概念的账本而已，没有太大的区别……"当他谈到自己的工作时候，强调："我的工作真还不是做账，前几年你们派来的实习生来就想学分录，我们的真功夫其实不是做账，其实是给每个车间搞平衡做预算做考核……换个人还真不行……"该总会计师的经历其实正是我国国有企业中，管理会计工作以及管理会计师从计划经济体制向市场经济体制转变的一个简单缩影。

对比于国有企业，我们在访谈中从另一位资深民营企业的CFO却听到了完全不同的故事。四川省成都市ZTLG股份有限公司财务总监，当谈到管理会计这项工作时，指出："我们的预算方法、成本控制以及业绩评价等方法主要是自己摸索出来的。我们的老总原来是国有企业的，干得不开心，后来出来自己下海了，开始时连会计都没有。后来做大了，就开始从社会上招聘一些人来做会计，后来又从高校招了一些，我们现在的管理方式与国有企业有本质的区别……当然，还是借鉴了很多国有企业很多好的地方……原来我们考核是只看你能缴多少利润收回多少款嘛，这几年我们也在搞平衡计分卡，虽然实施起来有困难，但是项目经理基本上已经接受了这

65

种先进理念……"而当他提到对管理会计师这项工作的具体认识时，又补充道："我们没有明确的管理会计师这个岗位，（管理会计的工作）都是财务人员做，这样对于培养年轻人也有好处啊，你什么工作都接触一点，很快就成长起来了……几年下来，我们这培养的会计都是既能做财务，又能搞预算决算的能手"

此外，我们从以往的调研资料中还摘录了以下的一段话，该段话来自某股份制商业银行 ZXYH 四川省分行计划财务部某经理对管理会计的看法："我原来并不是学会计的，我是西南财经大学金融学院毕业的，进了计划财务部以后，我却被安排来搞我们分行的预算……我非常理解你们提出的管理会计这个概念，虽然我们平时在银行内也属于财务人员，但是我们和财务部的人工作有本质不同，我们的主要工作是搞预算和进行产品的成本核算……我们单位很重视管理会计的建设与发展，我们现在内部发行了一本内部刊物，就叫做《管理会计手册》，这个你们不能带走，我们领导不允许……"

总结起来，无论是国有企业还是民营企业，两者相似的是，当前，的确大多数企业尚未设立明确的管理会计工作岗位，管理会计的工作一般由财务会计师兼任，对管理会计师的概念大多较为模糊。两者的不同是，国有企业与民营企业管理会计发展的历史具有较大的差异。我国国有企业的管理会计实践大多是由计划经济时代的经济统计转化过来，在经历了改革开放后的经济转轨的过程中，通过吸收借鉴西方现代管理会计技术成长至今；国有企业的管理会计师的起源也是计划经济体制下的经济统计工作。而民营企业的管理会计实践普遍是从一开始就直接从西方引进，在我国市场化的进程中，又不断吸收部分国有企业的管理经验和最新的管理理念发展而来；

民营企业的管理会计师大多从一开始就接受的是西方管理会计的模式，学习的是西方管理会计技术。

（2）我国管理会计与管理会计师在组织经营管理中的角色

当我们把管理会计师的概念范畴扩展到具有管理会计功能的部门以及从事过管理会计工作的财务人员这个范畴时，中国管理会计师在组织经营管理中的角色也就扩展为管理会计工作在整个组织经营管理中的角色。就管理会计这项工作在日常经营管理中所发挥的作用，以及管理会计当前的影响力，四川省简阳市 DCTY 机械制造有限责任公司总会计师，在评价当前管理会计在日常经营中的作用时，谈道"搞会计并不是简单地做账，我也提到了的，真正的企业财务一把手，我认为是要学会搞平衡，平衡人际关系，平衡各种财务计划（预算等）和年终考核（业绩评价）。每年搞预算搞决算的时候，我们才是最忙的，实际上那些财务报表都是事务所代理完成，我们的预算总不能请外援嘛，这个我们要自己搞……我们的财务科的人，除了报账以外，其实最和核心的价值就在于我们对于全集团的一种把控，说穿了（简而言之）就是我们用预算和决算来帮助老总管理这些底下的厂。"这说明，管理会计师在企业经营实践当中确实起到了对管理层决策建议的作用。

就管理会计这项工作在日常经营管理中所发挥的作用，以及管理会计工作当前在企业内部的影响力，四川省德阳市 DYEZ 集团公司财务成本科科长也提出了自己的看法："我当年能进这个厂，是因为我的硕士论文是关于企业成本和预算的，你知道近几年会计学研究都注重于资本市场，所以我当年顺利地进来了。之后，我负责成本考核与控制这项工作，很快就得到了领导的重视，成为了科长……我们这个部门说重要也重要，说不重要也不重要。为什么这样说，说不重要，是因为毕竟我们不是生产一线，说重要你想想我们为企业节约了好多资源哦，有些时候一吨钢，一吨废的铁屑，就是企业的生命，我们装备制造业利润薄，经济形势不好，卖不起好价格，我们部门就是要负责全厂在夹缝中求生存，从成本里面抠利润（通过成本控制创造价值）……"这说明，我国企业经营管理实践中，很多管理会计师已经充分意识到自己工作的重要性，并有针对性地开展工作，如下："我们的工作也很难啊，你要喊节约，下面的车间（制造厂）有些时候无法理解，我们是国有大型装备制造业，很多产品都是牵涉到国家发展战略的大问题，在他们看来应该不惜一切代价。对啊，但是企业也要活啊，控制成本不等于降低质量，这需要我们与上级和车间的工程师充分协调，我们的活不是坐在办公室里面拍脑袋，而是要多方面合作的。"四川省德阳市 DYEZ 集团公司财务成本科科长的话进一步揭示了，当前我国企业经营管理实践中，管理会计师或从事管理会计的人，并非简单的数据收集者，已经成了以企业经营管理为导向的主动的信息管理者，为企业经营管理提供支持。

　　总结起来，本章第二节从当代管理会计实践的实践分别讨论了中西方管理会计师角色的演进历程，以文献评述的方式讨论了管理会计师角色转变的内外部环境因素，并通过实地研究展现了我国管理会计师的现状以及其在经营管理决策中的地位。通过本节的叙述，我们可以得到以下基本结论。其一，中西方管理会计实践的发展历程不同，管理会计师的血缘也就存在显著的不同，而我国国有企业与民营企业之间，管理会计师还存在一定的差异。其二，以往研究管理会计师角色转变的文献显示，组织的内外部环境因素以及管理会计师个人因素都会影响到管理会计师角色。其三，"商业合伙人"是管理会计师在组织经营管理中以管理为导向的角色，其有助于管理会计师向管理层提供与经营决策相关的信息，从而更好发挥决策辅助功能。其四，当前，我国不同企业的管理会计实践发展水平不同，管理会计师的概念还较为模糊，管理会计工作是否与财务工作独立还并不统一，从业人员素质也参差不齐。

2.3 管理会计信息决策有用性研究综述与实地调研

管理会计信息究竟在组织经营管理中起到什么样的作用，长期以来都是管理会计学者讨论与研究的重点，可谓卷帙浩繁。Johnson and Kaplan（1987）指出只有高质量的管理会计信息才能有高质量的管理决策。Anthony（1965）认为管理决策包含了三个层次的决策，分别是战略决策（Strategic Planning Decision）、管理控制决策（Management Control Decision）以及运营管理决策（Operational Control Decision）。战略决策是企业最高层的决策，它旨在为企业设计长期的经营目标，形成企业经营的愿景；管理控制决策是组织内中层管理的决策，旨在保障组织内部的资源既有效率又有效果地分配到各个部门以保障企业既定目标得以实现；运营决策是组织内最底层的管理决策，它旨在确保组织内部具体的任务得以高质高效地完成。不同层次的管理决策都需要管理会计信息作支持，Lambert and（2006）指出，管理会计涉及的是公司内部的计量和信息问题，信息不但可以用来帮助评价过去的决策，也可以用来改进未来的决策。这些决策包括公司内部资源的配置，下属经营业务单元之间的协调工作，定价、成本、薪酬和激励。提供信息的工具有很多，包括预算、产品成本核算系统、转移定价系统、价值评估和业绩评价系统（既包括财务指标，也包括非财务指标）。那么，什么是有用的管理会计信息？管理会计信息的有用性又应该包含哪些具体特征呢？

2.3.1　管理会计信息决策有用性特征

Gorry and Morton（1971）、Dermer（1973）、Ghymn and King（1976）以及 Gordon and Miller（1976）认为，有用的信息应该至少包括三个特征维度：其一，专注性（Focus），这指信息与包括组织内部与外部环境的相关程度；其二，量化性（Quantification），这指信息是否包含足够的货币非货币数量化信息；其三，时效性（Time Horizon），这指信息是否包含足够的历史信息（Historical or Ex - post）或者未来信息（Future，ex ante）。Larker（1981）基于以上框架研究了管理会计信息在企业资本预算中的作用，研究发现经营管理层在进行决策时普遍具有相似的信息偏好。Gordon and Narayanan（1984）认为有效的管理会计信息系统即需要与外部环境相互适应，同时也需要与组织结构相互适应。本书发现西方管理会计研究者普遍倾向于沿用 Chenhall and Morris（1986）从管理层需求的层面提出的感知有用性（Perceived Usefulness），以探索管理会计信息需要具备的信息特征（Information Characteristics）（Mia and Chenhall，1994；Chia，1995；Ni et al.，2012）。Chenhall and Morris（1986）

指出之所以选择视野范畴（Scope）、及时性（Timeliness）、综合性（Aggregation）及整体性（Integration）主要是为了检验这些特征与外部环境不确定及组织分权以及组织内部依存度之间的匹配问题。而我国学者更倾向于以规范理论的方法推演出管理会计信息基本的质量特征（王棣华，1990；李天民，1996；陈震彬和倪武帆，2000；庄守鑫，2000；孙茂竹，2002；程德兴和魏萍，2006；崔瑛，2007；孟焰，2007；汪成兴，2012）。遗憾的是，虽然信息质量特征是管理会计信息有用性的基本判断标准，但是当前基于规范研究的管理会计信息究竟应该具备哪些质量特征尚无定论。

其实，基于权变理论的视角，有用的管理会计信息的本质应该是与企业管理会计信息系统所处的情境变量相互匹配的，研究管理会计信息决策有用性的影响因素的本质就是研究管理会计信息如何与企业所处的内外部环境因素相互匹配。因此本书余下部分将分外部环境与内部环境两部分回顾管理会计信息决策有用性的影响因素。

2.3.2 企业外部环境影响因素

Chenhall and Morris（1986）认为，外部经营环境的不确定性是影响管理会计信息有用性的一个关键外部环境因素。以往研究表明，由于经营环境的不确定性的增加会导致经理人更难以做出经营决策与实施管理控制，所以环境不确定性是管理会计信息决策有用性的一个重要情境因素（Burns and Stalker，1961；Lawrence and Lorsch，1967；Weick，1969；Duncan，1972）。随着环境不确定性的增加，经理人对于未来的事务更难有准确的把握，经营决策也变得更难。管理控制在高度不确定的环境下，也会难以实施。如利用预算控制时，当下属经营业务单元面临高度不确定的外部环境时，预算指标很快便会因为无法适应环境的变化变得毫无意义。然而，Larker（1981）研究却发现，经理人的管理决策中对信息的偏好并不与组织外部环境影响因素相关，而只取决于管理层决策的种类，究竟是选择性决策还是确认性决策抑或是发展性决策。其实，管理会计信息的决策有用性并非与外部环境因素不相关，Larker（1981）的研究结果可能正是由于一方面只关注信息的视野范畴中的三个维度，没有综合考虑到管理会计信息是否能提供与外部环境相关的信息范畴（Chenhall and Morris，1986）。

2.3.3　企业内部环境影响因素

Chenhall and Morris（1986）同时还指出组织经营分权程度以及组织的内部依存度（Organizational Interdependce）也会影响到管理会计信息的决策有用性。所谓组织内部依存度是指，经营业务单元内部各部门之间相互交流依靠的程度。Tompson（1967）将组织依存度的两极加以区别，一种组织形式是高度的内部相互依存，即组织内部不断地发生序列性和交互性的交流，而另一种方式是完全无依存度，即组织内部不发生任何的交流，部门与部门之间完全独立，仅仅是混合在一起而已。Baumler（1971）和 Watson（1975）研究表明，组织依存度越高，管理会计信息系统的建立就越复杂。

Ni et al.（2012）研究发现，组织的创新程度也会影响到管理会计信息的决策有用性。他们认为，当企业创新程度和研发支出加大时，企业的资源分配能力会面临巨大的压力，经理人必须依托管理会计的信息做出资源分配的决策。因此，组织的创新程度和研发投入会影响到管理会计信息的决策有用性。总结起来，管理会计信息的决策有用性影响因素既包含了外部环境变量又包含了内部环境变量，如图 2.4 所示。

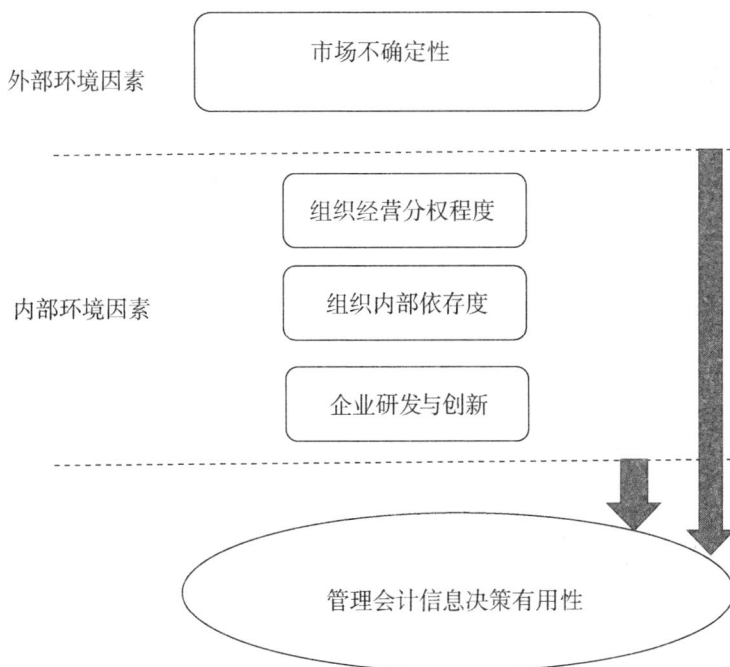

外部环境因素

市场不确定性

内部环境因素

组织经营分权程度

组织内部依存度

企业研发与创新

管理会计信息决策有用性

图 2.4 管理会计信息决策有用性影响因素

2.3.4 管理会计信息决策有用性实地调研

在实地调研的过程中，通过以往的调研证据，我们已经意识到了在企业经营管理实践中，实际上管理会计工作在很多企业中的地位是要高于财务会计的，即使在部分企业中管理会计的工作并不独立于财务会计，管理层对于管理会计工作的重视也依然高于财务会计。因此，当我们在收集整理实地调研证据时，我们转录了以下受访者对于管理会计信息在实践中的作用所提出的个人见解作为管理会计信息决策有用性的实地依据。

四川省简阳市 DCTY 机械制造有限责任公司总会计师，在评价当前管理会计在日常经营中的作用时谈道："如果你所指的是预算工作、成本控制工作以及业绩评价对于我们管理决策的影响，我认为这对于我们来说是非常重要的。这不仅关系到我们各个部门的年终奖，还关系到来年各个部门各个厂的资源分配问题。你如果有机会今年年终可以来实习下，你就可以见识到在我们企业中，预算与决算（业绩评价）有多头痛了，年年吵架，先是各个部门的领导带头吵，然后是各个厂的厂长带着自己的总会计师一起来吵，大会上吵，下来还要吵。这就是一个利益划拨的问题，你把人家预算定高了，人家完成起来难，年终肯定奖金就少，决算（业绩评价）的时候，谁愿意自己吃亏啊，肯定是要求总公司调整数据，反正就是大家都叫穷，但是说到业绩，大家又都只讲自己的贡献。"这说明，管理会计在企业当中确实起到了资源分配以及业绩评价的作用。

就管理会计这项工作在日常经营管理中所发挥的作用，以及管理会计当前的影响力，四川省简阳市 SCGJ 工具制造有限责任公司会计科科员也提出了自己的看法："过去是拍脑袋（在无根据的情况下凭借自己主观的经验做出决策），我们新上来的老总自从去上了个EMBA 之后，现在动不动就要看数据了。这些数据怎么来？还不是他的秘书天天找我们要各种资料各种报告。老总肯定决策是跟着数据来的嘛，我们过去只看利润，现在老总开始关注我们的流动资金比率等指标了。去年，我们公司请了北京的一家咨询公司来帮我们搞全面预算和电子存货管理系统，现在我们部门又开始搞平衡计分卡了。今年开始，我们所有的销售经理和厂长都必须参加财务培训，帮助他们理解会计知识，懂账嘛是现代经理人的基本素养嘛……"这说明，我国当前部分企业由于经理人开始逐渐接受管理会计可以为经营决策提供信息支持的管理理念后，很快便提升了内部管理会计实践水平。并且管理会计实践水平的提高确实也会相应地改变组织经营管理的决策模式。

四川省成都市 ZTEJ 股份有限公司股份公司财务部会计科成本管理办公室其中一名具有项目财务经理经验的科员认为："建筑施工企业，其实真的财务会计简单，我一般每天就报下发票，做点记录就可以了。最关键的问题是我们的预算控制和成本控制，每当施工图纸一发生变动，就是设计变更的时候，我们也要做相应的调整，如果做不好成本控制和红线成本预警的措施，我们很容易亏钱，而且这也关系到我们最后的工程决算……我们需要不停地向项目经理报当前我们花了多少钱，账面上还有多少现金，耗了多少物料，花了多少人工，用了多少机械。以商品砼为例，我们每天都要精确地计算商品砼用量和自产砼的用量，并适时监控是否超标，我们一旦有误，项目经理很容易就误判。"这说明，当前在组织项目管理中，管理会计的地位是要高于财务会计的，会计师的工作重心也是管理会计而并非财务会计，管理会计信息是项目经理决策和分配生成资源的基础。

2.4　本章小结

会计分权的概念最早是由 Indjejikian and Matějka（2012）提出来的。通过回顾以往文献，我们可以发现，即使在会计分权的基本概念尚未明确界定的情况下，依然有少量的文献开始讨论组织的"集权"或者"分权"的经营管理模式对于会计信息系统的影响，我国甚至有部分学者已经开始探讨"集权"或者"分权"财务管理模式的影响因素和经济后果。这些研究成果可以被认为是早期的会计分权相关文献，对于帮助我们理解会计分权的含义和形成机制也具有一定的参考价值。整体看来，会计分权的本质就是一种权力的分配与平衡，它形成的内在机制可能是上级单位与下级单位之间的权力博弈的结果，它的形成也同时受到组织内部环境因素的影响。会计分权作为一种上级单位与下级经营业务单元之间的权力格局，从会计信息系统本身来讲，主要受到影响的不是财务会计信息系统，而是管理会计信息系统。从 20 世纪 90 年代开始，世界范围内兴起了一场关于管理会计师的角色转变的思潮，该思潮基本上认为管理会计师应该由传统的被动信息收集者，转变成主动的决策信息提供者，在组织经营管理中扮演好"商业合伙人"的新角色。为了了解管理会计师的角色转变的内在机理，因而，本章文献综述的第二节聚焦在管理会计师角色相关文献，通过文献回顾我们可以认识到以下几点。其一，由于中西方管理会计实践的发展历程不同，管理会计师的血缘也就存在显著的不同，而我国国有企业与民营企业之间，管理会计师也存在一定的差异；其二，以往研究管理会计师角色转变的文献显示，组织的内外部环境因素以及管理会计师个人因素都会影响到管理会计师角色；其三，"商业合伙人"是管理会计师在组织经营管理中以管理为导向的角色，其有助于管理会计师向管理层提供与经营决策相关的信息，从而更好发挥决策辅助功能；其四，当前，我国不同企业的管理会计实践发展水平不同，管理会计师的概念还较为模糊，管理会计工作是否与财务工作独立还并不统一，从业人员素质也参差不齐。本章文献综述的第三部分集中评述了管理会计信息决策有用性相关文献，通过文献综述回答了什么是决策有用的管理会计信息，以往文献表明管理会计信息的决策有用性也受到企业内外部环境因素的影响。

然而，当前"会计分权"和"管理会计师角色"在我国的研究还非常不足，仅存少量的文献也是以规范为主，难以帮助我们充分理解我国当前会计分权和管理会计师角色的实践现状。因而，本章通过实地调研的方法，进一步加强本书对以上两个概念的认识。实地调研显示，虽然，我国企业普遍并不存在明确的会计分权这个概念，但企业在面临日益激烈的竞争和挑战时，也会根据自身的实践状况、实际需求调整着将会计信息系统设计和运营的权力自然分化到下级单位。会计分权的形成是多种影响因素共同作用的结果，在企业中，常常需要上级单位和下级单位博弈形成，不同的企业由于经营环境的不同，选择分权的方式与程度也不尽相同。同时，在实地调研中，我们还发现，可能因为受制于企业管理会计实践的水平，当前我国的管理会计师在整个会计信息系统中的设计可能并不统一，但是管理会计在组织经营管理决策中所扮演的角色是不可忽视的。

综合看来，不仅在一定程度上弥补了研究不足的遗憾，补充了我们对于本书研究话题的理解，同时实地调研还印证了本书所要研究的话题具有一定的实践意义。当然，文献综述与实地调研并不足以将本书研究的话题上升到理论的高度并构筑全书实证研究的框架，因此，本书下一章将通过理论分析深入探讨会计分权、管理会计师角色与管理会计信息决策有用性三者之间的内在逻辑，并基于此构筑全书的实证研究框架，完成实证研究设计。

3. 理论分析与实证研究设计

　　本书旨在研究会计分权与管理会计师角色以及管理会计信息决策有用性的三者之间的内在关系。本书的上一章文献综述与实地调研资料中部分资料已经初步揭示了以上三者之间的关系。正如 Indje-jikian and Matějka（2009，2012）认为，代理理论框架下，上级单位因为无法全面掌握下属经营业务单元的信息，只能从最后的业绩来考核职业经理人。这种上下级之间的高度信息不对称，最终导致了上级单位被迫选择会计分权的方式以激活单元经理层与会计师的创造力，为组织创造价值。他们还在实地调研中强调，经营业务单元经理人与会计师在准备会计信息时，必须在为上级单位经营控制与本地决策服务二者之间做出一定的选择，选择的结果将直接影响到管理会计信息的质量。

　　高度"集权"的会计信息系统必然会削弱经营业务单元的会计

信息对于本单元管理者经营决策的有用性。[①] 全面的会计"集权"意味着上级单位需要决定并处理大大小小会计事务，下属单位没有任何与会计相关的财务权力与自由；全面的会计"分权"则意味着下级经营业务单元在会计决策上享有最大相机处理财务问题的自由，而其所受约束也最少，即使最底层的经理与会计人员也是如此。这也就意味着，在高度"集权"的会计信息系统下，管理会计师只需要根据上级单位既定的会计政策和既定的会计程序收集和准备管理会计信息，管理会计信息也只需要满足上级单位的管理控制的需求；而在高度"分权"的会计系统下，由于经营业务单元获得了极大的相机处理会计事务的自由，经营业务单元的管理会计师就必须充分发挥自身的能动性，积极地参与组织内的日常经营管理活动中，并充分了解组织内经营管理层特别是经理人的决策需求，为经营业务单元管理层提供对决策有用的信息。Goretzki et al.（2013）从制度理论的视角，认为管理会计师角色由传统的简单信息收集者向"商业合伙人"转变与重塑，是组织外部因素（External – organization）和组织内部因素（Intra – organization）共同影响的结果。会计分权的本质其实就是组织内部上下级单位之间的一种权力分配格局，它也是组织内部的一种制度安排。以此来看，会计分权的存在也就必然会在一定程度上影响到管理会计师在组织经营管理中所扮演的角色，并最终通过这条路径再间接地影响到管理会计信息的决策有用

---

① 原文为：Our interview highlight the presence of trade – off between generating information for standardization and corporate control and generating information for local decision making... At the same time, accounting decentralization also reduce the usefulness of internal reports for local decision making...

性。虽然我们从直观上可以理解会计分权、管理会计师与管理会计信息决策有用性之间的关系，但是深入探索其内在关联的作用机理还需要将以上各因素放在一个理论框架下进行讨论，也就是实现理论的融合，构筑本书的实证理论框架。

通过上一章节的文献综述与实地调研，我们可以发现，本书在构筑会计分权、管理会计师角色和管理会计信息决策有用性各自的影响因素框架时，无外乎全是从组织经营的外部环境和组织的内部环境两个维度甄别情境变量（Contextual Variables）①，这些情境变量相互交叉，相互重叠，难以清晰地界定各变量究竟处于什么样的层级，变量与变量之间存在怎样的结构特征。因此，研究会计分权与管理会计师角色以及管理会计信息决策有用性三者之间的内在关系，就必须先从理论上打通"外部环境影响因素（外部环境情境因素）—内部环境影响因素（内部环境情境因素）—会计分权—管理会计师角色—管理会计信息决策有用性"的链条。

本书研究最终落脚点为管理会计信息决策有用性。管理会计信息决策有用性的研究其实是从属于管理控制系统（MCS）研究的，该领域研究者大多是基于权变理论的框架下，讨论 MCS 的设计与情境变量之间相互匹配的问题（Shields，1995；Chenhall，2008）。权变理论，即指每个组织的内在要素和外在环境条件各不相同，因而在管理活动中不存在一种适合于所有组织环境的最优管理原则和方法。成功管理的关键在于对组织内外部环境的充分了解和有效的应变策略。基于权变理论，经营业务单元管理会计信息系统（MAS）

---

① 所谓情境变量，又叫作情境因素。

提供的管理会计信息的决策有用性也在于该系统是否能有效适应内外部环境因素的变化。在权变理论框架下，会计分权和管理会计师角色都可以被认为是组织内部的一种情境变量，也可以被认为是从属于 MCS 的一种机制，那么其设计与制度安排也需要与外界环境前定变量相互匹配。基于这点思考，本章最后将基于权变理论，构筑本书的实证研究框架，打通从"外部环境影响因素（外部环境情境因素）—内部环境影响因素（内部环境情境因素）—会计分权—管理会计师角色—管理会计信息决策有用性"的逻辑。

综上，本书的理论框架构建思路如图 3.1 所示，首先基于制度理论解释会计分权对管理会计师角色影响的内在机理，其次以代理理论为基础，解释会计分权与管理会计信息决策有用性之间的作用关系，最后，基于权变理论框架，综合讨论会计分权、管理会计师角色以及管理会计信息有用性之间如何相互影响，又如何与其他情境因素相互匹配，即构筑本书实证研究的逻辑框架。

本章的第一节为理论分析与实证研究框架，具体分为三个部分：第一部分，基于制度理论，探讨会计分权与管理会计师角色；第二部分，基于委托代理理论，解释管理会计信息决策有用性；第三部分，基于权变理论，构筑从环境情境因素、会计分权、管理会计师角色到管理会计信息决策有用性的研究框架。本章第二节为问卷设计与调查，本节又具体分为四个部分：第一部分介绍本书所用调查问卷的设计过程；第二部分描述问卷数据的收集过程及其样本特征；第三部分描述本书问卷样本的企业特征和被调查者个人特征；第四部分初步介绍本书后面章节拟使用的数据分析方法。本章的最后一节为小结。

图表：

市场不确定 性及政府干预 ——— 外部环境

---（虚线）---

企业内部环境（前定变量） ——— 内部环境 / 基于权变理论

---基于制度---理论---

会计分权 ⟹ 管理会计师角色

基于代理理论 ——— MAS

管理会计信息决策有用性

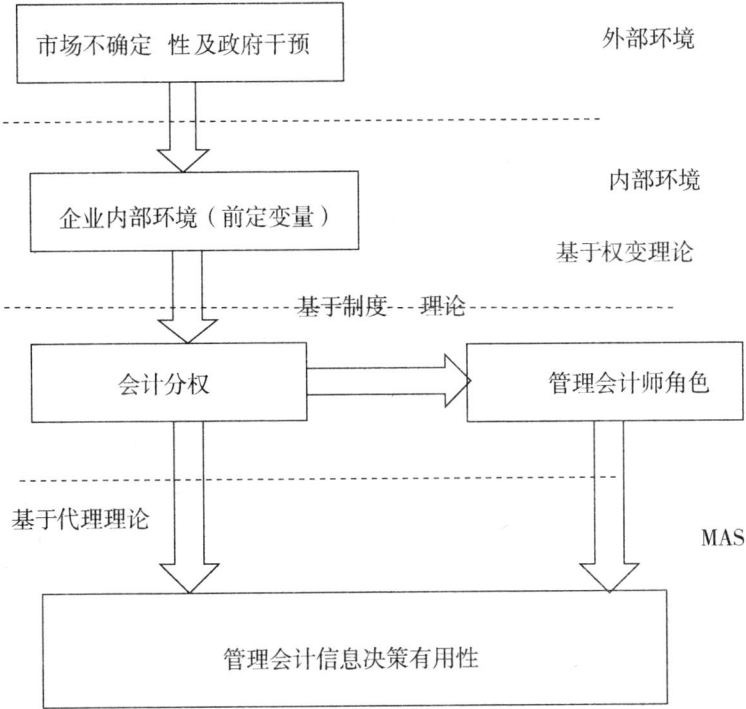

图 3.1 理论框架构建思路

3.1 理论分析与实证研究框架

　　王棣华（2013）指出，随着企业的发展，企业最高管理者经常面临一大财务难题，是搞财务集权管理还是搞财务分权管理。财务集权管理有它的好处，也存在许多不足；财务分权管理可以克服财务集权管理的一些不足，但也有自己的局限性。因此不能一概而论是财务集权管理好还是财务分权管理好，要具体问题具体分析。这种"具体问题具体分析"的思想的本质其实就是权变理论的思想，即摒弃讨论会计"集权"与"分权"的孰优孰劣，对二者并不做过多的价值判断，接受存在即合理的现实，转而探索何种因素在影响组织会计权力的分配，组织经营者在平衡控制与分权时，究竟是哪些因素产生了影响。近年来，权变理论被广泛用于管理学研究中，用于解释企业管理方式的多样性，在会计学的研究中，管理会计也普遍使用该理论作为解释工具。

权变理论（Contingency Theory）是 20 世纪 60 年代末 70 年代初发展起来的管理学理论，最早是由 Fiedler 提出来的，之后他又专门出版了《权变模型——领导效用的新方向》来专门讨论基于权力理论视角下管理者领导的方式与组织效能。权变理论是西方组织管理学中以具体情况及具体对策的应变思想为基础而形成的一种管理理论。进入 70 年代后，权变理论在美国管理学界迅速升温，特别是在组织管理学的研究得到了广泛的应用。权变理论认为，每个组织的内在要素和外在环境条件都各不相同，因而在管理活动中不存在适用于任何情景的原则和方法，即在管理实践中要根据组织所处的环境和内部条件的发展变化随机应变，没有什么一成不变的、普适的管理方法存在。权变理论的兴起有其深刻的历史背景，70 年代的美国，社会不安，经济动荡，政治骚动，达到空前的程度，石油危机对西方社会产生了深远的影响，企业所处的经营环境高度不确定。但以往的管理理论，如科学管理理论、行为科学理论等，主要侧重于研究加强企业内部组织的管理，而且以往的管理理论大多都在追求普遍适用的、最合理的模式与原则，而这些管理理论在解决企业面临瞬息万变的外部环境时又显得无能为力。正是在这种情况下，研究者和企业高管们不再相信组织管理会有一种最好的行事方式。

而是必须随机制宜地处理管理问题，于是形成一种管理取决于所处环境状况的理论，即权变理论，"权变"的意思就是权宜应变、因地制宜。

所谓权变理论是指，不存在一个所有环境下都完全适用于所有组织的会计制度；会计制度的适合与否视企业所面临环境状态而定（Anthony，1965；O'Connor et al.，2004；张川等，2008；文东华等，2009）。例如，管理会计领域所普遍关注的企业业绩评价指标选择应该如何与企业经营环境匹配的问题，以往研究发现，财务指标和非财务指标之间并不存在一个最优的选择，企业业绩评价指标选择必须与所处的经营环境等一系列因素相互匹配（Hoque and James，2000；Hoque and Mia，2001；Chenhall and Langfield – Smith，1998；张川等，2008）。以往经营分权相关文献也较多地使用了这种权变理论的思想（Baiman et al.，1995；Christie et al.，2003；Bouwens and van Lent，2007；Abernethy et al.，2010；Negar，2011），特别是在讨论会计分权与经营分权之间的匹配关系时，以往文献基本上支持了企业上级单位分配给下级单位何种程度的经营自主权，就会匹配相应程度的会计权力（Indjejikian and Matějka，2012）。

回顾以往文献，我们发现，潘飞（2012）在构建中国企业管理会计研究框架的时候充分运用了权变理论和代理理论，他们所构建的框架立足于中国独特的情景因素（环境因素），该框架可以用于指导和解释企业管理控制系统设计或者企业会计制度选择的影响因素，同时也可以用于指导和解释不同的管理控制系统设计或者会计制度选择的经济后果。

Moers（2006）就曾指出，组织结构的设计必须与组织所处的经营环境相互匹配，一旦组织结构无法与环境相互适应，企业将会付出沉重的代价。物竞天择，适者生存的进化法则在企业经营管理中同样适用。早期的组织结构理论研究者，较多地聚焦于环境和技术对组织结构的影响（Burns and Stalker，1961；Perrow，1970；Thompson，1996；Lawrence and Lorsch，1967；Galbraith，1973）。权变理论在管理会计研究中的运用其实也非常广泛。Waterhouse and Tiessen（1978）、Otley（1978）以及 Chenhall（2003）就分别以权变理论回顾了早期管理会计文献中，权变理论在管理控制系统（Management Control System，下文简称 MCS）的研究中的运用，并以此构建了自己的理论框架。在权变理论框架下，以往研究基本上对于 MCS 的设计和选择达成了以下共识，即每个组织的内在要素和外在环境条件各不相同，因而组织在设计和选择 MCS 的活动中并不存在一种适合于所有组织环境的最优 MCS 设计原则和方法。有效的 MCS 一个重要的表现就是 MAS 的设计与组织内外部环境相互匹配（毛洪涛等，2011）。

管理会计（MA）、管理会计系统（MAS）、管理控制系统（MCS）以及组织控制（Organizational Control，下文简称 OC）在管理会计文献中其实是被相互混用的，甚至在研究中被经常交互替换使用。然而，Chenhall（2002）指出，MA 是指对诸如预算、生成成本计算以及业绩评价等管理会计实践活动的总称。MCS 是一个更宽泛的术语，它既涵盖了 MAS 也包括了诸如个人或团队控制的其他控制方式。OC 大多数时候是被用来特指诸如统计质量控制或即时制管理等内生于生产作业和流程的控制。虽然当前 MCS 的范围随着研究的发展越来越广阔，概念的边界也越来越模范，但是 MAS 作为管理控制系统（Management Control System，下文简称 MCS）密不可分的一个子系统，却依然是学术研究关注的重中之重。当前在这个领域已经涌现了一大批研究文献，其中最值得关注的便是与管理会计信息维度相关的话题，这包括了预算信息在 MCS 中的重要性、组织内信息沟通的重要性与系统设计之间的关系，管理会计信息与激励机制的相关性，以及管理会计信息的决策有用性包含哪些质量特征。之所以该领域的研究如此重要并受到学者的重点关注，源于 MCS 的有效性依赖于 MAS 所提供的信息质量（Chenhall，2003）。

因而，在权变理论框架下，MAS 不再是僵化的系统，它的设计会受到一系列源于组织内部环境的情景因素的影响（Grinyer and Norburn，1975；Gordon and Miller，1976），管理会计信息也不再是一成不变的固化信息，也就是管理会计信息具有很强的动态性，既不局限于固有的管理会计报告范式，也不局限于固定的管理会计方法，我们把管理会计这种可以根据外部环境做出动态调整的特征，称之为管理会计信息的自裁性（Self – Discretionary）。

如上一章文献综述中所谈到，会计分权作为组织内部的一种权力格局，分权程度会受到经营业务单元外部环境和内部环境因素的影响。在权变理论的框架下，这种影响其实就是客观要求，会计分权的程度与经营业务单元内外部环境相互适应相互匹配。因而，会计分权没有好坏之分，无法对其做"对错"的价值判断，存在即合理，无论是完全的"集权"会计信息系统，还是完全的"分权"会计信息系统，都只是企业根据自身内外部情景变量选择的，与之相互匹配的会计管理模式。

如本章第一节所述，从制度理论的视角来讲，管理会计师的角色就是组织管理中的一种"制度"而已，管理会计师的角色这种制度的形成会既会受到组织内部其他制度的影响，如会计分权和组织内部依存度等，也会受到组织外部制度环境的影响，如媒体、学术界当前对管理会计师的新角色的阐释。当然，不同的会计分权程度就是不同的权力配置格局，是组织内部的高于管理会计师角色层级的制度，会计分权这项制度的变化必然影响到管理会计师在组织经营中的地位。设计与一系列情景变量相互适应匹配的 MAS 离不开具体操作管理会计实践的管理会计师。同时，管理会计师也并非完全被动的制度接受者，它在管理工作中的积极参与也会影响到组织管理会计实践的发展（Hopper，1981）

如本章第二节所述，基于委托代理理论框架下，经营业务单元获得了更大的财务自主权后，管理会计工作可以更好地拟合经营业务单元的实际情况，为管理层提供对决策更加有用的管理会计信息，即会计分权会改善管理会计信息的决策有用性。这里所谓的管理会计可以更好地拟合经营业务单元的实际情况，其实也就是指 MAS 的设计变迁必须与组织内外部环境相互适应，这也正是权变理论的观点。

基于此，以权变理论为基本框架，经过理论的融合，本部分打通了"外部环境影响因素（外部环境情景因素）—内部环境影响因素（内部环境情景因素）—会计分权—管理会计师角色—管理会计信息决策有用性"的理论链条，如图 3.2 所示。

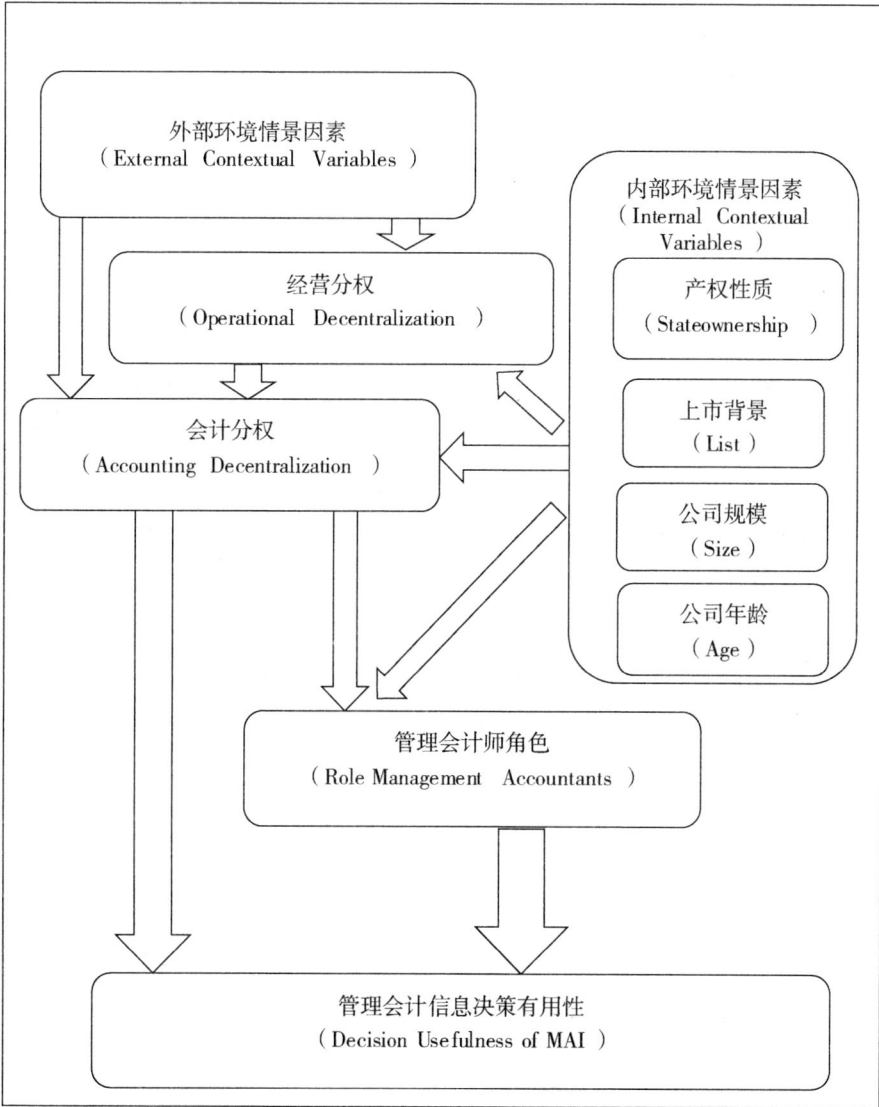

图 3.2　全书实证研究框架

3.2　实证研究设计与问卷调查

3.2.1　问卷设计

本书使用问卷调查方法收集数据，作为后面章节实证检验的数据来源。因为本书的研究主题属于企业内部管理的管理会计问题，无法直接从公开渠道获得研究所需的数据，并且涉及企业所处外部经营环境、内部经营与会计分权管理程度、管理会计师角色以及管理会计信息决策有用性等难以用公开数据衡量的变量，因此采用问卷调查方法能够更加有效地检验理论模型，探索企业管理会计现象的一般规律。采用问卷调查方法研究管理会计问题，是当前管理会计学术界较为普遍的研究方法（Van der Stede et al.，2005，2006），也取得了丰硕的研究成果，对我们认识企业管理会计实践大有裨益。但是，近年来问卷调查方法在管理会计研究中的应用受到了学术界颇多的质疑，主要的质疑点就是运用问卷调查方法获取的数据的质量不高、可重复性不强，其科学性受到了严重的威胁（Young，1996；Zimmerman，2001a）。当然，任何一种科学研究方法都有其适用性和局限性。问卷研究虽饱受批评，但是由于其在汇集不同个人、组织以及社会的行为与功能方面具有不可替代的优势，所以依然受到了管理学研究者的推崇（Zimmerman，2001b）。综合说来，研究者只能在特定的学科中不断地改善研究方法，通过提高数据获取过程的科学性来提高研究数据的质量，从而使得研究结论更加贴近现实世界。

为了保证研究数据的质量，本书在问卷设计过程中充分重视已有调查问卷的理论基础、我国企业的管理实践及所依托的自然科学基金研究团队的修改建议，将调查问卷的设计过程具体细分为以下三个阶段：

第一，大量阅读会计分权、管理会计师角色和管理会计信息决策有用性相关的中英文文献，系统梳理该领域研究的基本范式，初步确定本书实证研究的理论框架（如全书第三章所示），并设计本书实证研究所依托的问卷。

本书核心的研究变量主要涉及了三大方面，会计分权程度与管理会计师角色，以及最终的落脚点也即本书最终的被解释变量管理会计信息的决策有用性。如文献评述部分所述，因为会计分权的概念最早是由 Indjejikian and Matějka（2012）提出的，研究者在文章中也包含了调研中使用的量表，以供后续研究参考。因而，本书量表中会计分权（在后文实证中，变量简写为 AccountDec）以及经营分权（在后文实证中，变量简写为 OperationalDec），两大变量充分参考了 Indjejikian and Matějka（2006，2012）的设计。具体说来本书的会计分权（AccountDec）包含了七个维度的题项，这些问题从不同侧面度量了经营业务单元管理层与管理会计师可以独立自主设计会计信息系统的权力。本书的经营分权（OperationalDec）的设计与以往在会计文献中的设计是相一致的（Inkson et al.，1970；Ghoshal and Nohria，1989；Abernethy et al.，2004）。本书的量表中关于经营分权共包含了十一个具体的题项，这些题项涵盖了市场决策权（Marketing）、财务决策权（Financial）、经营决策权（Operating），以及采购决策权（Purchasing）。这里值得注意的是，经营分权中的财务决策权与会计分权二者既有关联又有区别的，二者的关联是都属于广义的会计权力，二者的区别是，经营分权（OperationalDec）中的财务决策权是指管理层与会计师自主决定投融资的权力，而会计分权（AccountDec）是指经营业务单元自主决定会计信息系统的设计与运营的权力。

　　以往关于管理会计师角色研究的文献普遍以实地案例研究为主（Jarvenpaa，2007；Goretzki et al.，2013），也有少量研究开始通过问卷调查从大样本上检验管理会计师的角色问题（Malmi and Granlund，2009；De Loo et al.，2010）。从问卷研究内容来看 Malmi and Granlund（2009）研究的重点在于各类管理会计工作在企业经营管理中的地位，而 De Loo et al.（2010）的研究重点在于当前管理会计师在组织经营管理活动中对于不同经营管理活动的参与程度，不仅涵盖了管理会计工作，同时还涉及了经营管理工作。具体说来，De Loo et al.（2010）的研究的核心思路是以从以往文献中提炼总结出的管理会计师的具体 37 个工作作业作为研究的基础（Activities - Based），通过因子聚类（Cluster Analysis）分析将管理会计师的工作分为了五个因子，包括内部经营分析（Internal Analysis）、内部报告（Internal Reporting）、外部报告（External Reporting）、风险管理（Risk Management）以及维护保障管理控制系统（Maintaining Management Control System）。本书认为，传统的管理会计工作乃至管理会计师在企业经营管理中的地位的逐步提升，必须从传统的被动信息收集整理者逐渐转变为主动的以管理为导向的"商业合伙人"，本书基于 Gross et al.（1956）、Hopper（1980）管理会计师角色的维度将管理会计师在组织经营中的角色分为四点要素，也即本书所设计的四个测度管理会计师角色的维度，包括：第一，要求管理会计师充分理解管理会计这项工作在组织经营活动中的重要地位，并了解自己在经营管理活动中应该扮演什么样的角色，即管理会计师角色清晰度（MARoleClarity）；第二，管理会计师是否充分理解所处经营业务单元的管理层的各种信息需求，从变量上衡量即为管理会计师与经营业务单元管理层之间的信息不对称程度（MAInforAsy）；第三，管理会计师在充分了解自身所应该扮演的角色以及管理层的信息需求后，实时开展管理会计工作以为管理层经营决策提供有用的信息，即管理会计工作参与度（MAWJointy）；第四，以管理为导向的管理会计师，客观上还要求管理会计师更多地了解并参与企业的日常经营管理活动中，即管理活动参与度（MWJointy）。更多关于本书管理会计师角色方面的量化指标的设计理念与参考文献在此不赘述，而将在本书的第 5 章，具体研究到会计分权与管理会计师角色之间的内在关系时再详细展开。

本书最终的被解释变量为管理会计信息决策有用性。回顾以往文献发现，研究管理会计信息决策有用性，既可以从具体的管理会计信息入手，如预算信息、成本管理信息以及业绩评价信息等的角度切入，也可以从管理会计信息整体的特征进行验证（Chenhall and Morris，1986；Ni et al.，2012）。本书参考 Chenhall and Morris（1986）将管理会计信息决策价值分为管理会计信息的视野范畴（Scope）、及时性（Timeliness）、整体性（Integration）以及综合性（Aggregation）四个维度。这是基于以下几点考虑：首先，从研究内容上讲，本书研究的是在经营管理中会计分权与管理会计师在由传统被动信息收集者向"商业合伙人"转化过程中对于管理会计信息整体的影响，并非针对某一特殊类别的管理会计信息。其次，从研究思路来讲，会计分权是一种自上而下，由上级单位向下属经营业务单元所分配的权力，Chenhall and Morris（1986）研究的是经营分权下，经营业务单元管理会计师向经理层提供的管理会计信息的决策有用性，与本书研究的基本思路是一致的。最后，从变量本身的意义来讲，如上一章的理论分析指出，随着会计分权的增大，管理会计师理所当然地会获得更大的自主权力，管理会计师更容易从传统的"数豆子的人"转化为"商业合伙人"，从而为所在经营业务单元管理层提供对决策有用的会计信息。因此信息的视野范畴、及时性都有可能提升，同时以经营业务单元为中心的 MAS 系统设立，也有可能增强管理会计信息的整体性和综合性。

所谓的管理会计信息视野范畴（Scope）是指，管理会计的信息应该至少包括三个特征维度：其一，专注性（Focus），这指信息与包括组织内部与外部环境的相关程度；其二，量化性（Quantification），这指信息是否包含足够的货币非货币数量化信息；其三，时空性（Time Horizon），这指信息是否包含足够的历史信息（Historical or Ex - post）或者未来信息（Future, ex ante）（Gorry and Morton, 1971；Dermer, 1973；Matthews, 1976；Ghymn and King, 1976；Gordon and Miller, 1976；Larker, 1971）。传统的 MAS 提供的信息专注于提供关于组织内部的信息，注重以货币量化，并更倾向于面向过去。然而，更广阔的 MAS 视野范畴则是指其提供的信息是否包含环境因素，包括经济因素（如 GDP 增长率、市场总销售额以及企业所占市场份额）和非经济因素（如人口结构特征、消费者偏好、竞争行为、技术进步等）。更广阔的 MAS 视野范畴也应该包括非货币量化的外部环境信息（Gordon and Miller，1976）。更广阔的 MAS 视野范畴还应该提供对于未来不确定性事务发生的可能性情况。

管理会计信息及时性（Timeliness）通常是指，基于管理层产生信息需求和定期呈报两种情况，MAS 是否可以系统性地组织并报告管理会计信息。管理会计信息的及时性有助于管理层迅速地对当前状况做出迅速的反应。

管理会计信息综合性（Aggregation）是指 MAS 提供的管理会计信息经过多大程度的综合加工。管理会计信息的一种综合性是指，呈报的信息是只包含了未经任何处理的原始数据，还是包括了以责任中心或者部门为单元差别呈报的信息，即管理会计信息基于时间和空间的信息加工处理的程度。另一种管理会计信息的综合性是指，MAS 提供的信息是否根据决策的模型进行模拟加工和处理，包括了资本预算决策中所使用的现金流折现模型，财务预算中常使用的线性规划和数据模拟，成本信息中的本量利分析。当前的研究表明，综合的管理会计信息是时间和空间上的组合对为管理决策服务。

管理会计信息整体性（Integration）是指 MAS 提供的管理会计信息是否可以有效地涉及经营业务单元内部的各个部门。在经营业务单元层面，组织控制的一个重要问题就是如何协调各个部门之间的行动。管理会计信息的整体性可以帮助业务单元管理层更好地决策，在经营业务单元内合理分配资源、协调步伐以完成经营目标。

本书调查问卷分别设计了环境不确定性（Envior Uncer）、政府干预（GovernInter）、市场竞争程度（Market Competition）、组织内部依存度（Interdependence）以及组织创新（Innovation）等变量以进一步挖掘与本书研究主题相关的因素，作为本书后续研究的基础。此外，为了保证本书研究的质量，控制被调查对象的个体差异，本书研究问卷还参考以往文献设计了公司规模（Size）、是否上市公司（List）、产权性质（Stateownership）等公司基本信息，以及问卷调查填表人的基本信息（O'Connor et al.，2004；文东华，2012；Ni et al.，2012；诸波，2013）。样本各部分衡量表明及具体参考文献如表3.1 所示。

表3.1　问卷量表代码、衡量变量名称及参考文献

量表代码	衡量变量名称	参考文献
A	公司基本信息： 公司规模（Size） 是否上市（List） 产权性质（Stateownership）	O'Connor et al.（2004） 文东华（2011） 诸波（2013）
B	经营分权（OperationalDec） 会计分权（AccountDec）	Indjejikian and Matějka（2012） Abernethy et al.（2004）
C	管理会计师角色明晰度（MARole-Clariry） 管理会计师管理决策参与度（MWjointy） 管理会计师管理会计工作开展度（MAWjointy） 管理会计师与管理层信息交流度（InforExch）	DeLoo et al.（2010） Anthony and Young（2004） Atkinson et al.（2004） Malmi et al.（2009） Hall（2008） Lau（2011）

量表代码	衡量变量名称	参考文献
D	管理会计信息决策有用性： 管理会计信息视野范畴（Scope） 管理会计信息及时性（Timeliness） 管理会计信息整体性（Integration） 管理会计信息综合性（Aggregation）	Chenhall and Morris（1986） Nicolaou（2000） Ni et al.（2012）
E	预算信息不对称程度（Budgetary In for Uneasy）	Indjejikian and Matějka（2012）
F	成本信息不对称程度	Indjejikian and Matějka（2012）
G	业绩评价信息不对称程度	Indjejikian and Matějka（2012）
H	环境不确定性（EnUncer） 政府干预（GovernInter）	Baines and Langfield – Smith（2003） Fisher（1996） Indjejikian and Matějka（2012） O'Connor et al.（2003）
I	市场竞争程度（MarketCompetition）	Gordon and Narayanan（1984） Mia（1993） Mia and Clarke（1999）
J	公司经营战略（OperationStrategy）	Gupta and Govindarajan（1984） Anderson and Lanen（1999） Choi et al.（2013）
K	组织内部依存度（Interdependence）	Indjejikian and Matějka（2012） Keating（1997）
L	组织创新（Innovation）	Prajogo and Sohal（2006） Ni et al.（2012）

量表代码	衡量变量名称	参考文献
M	个人基本信息： 教育程度（Education） 性别（Gender） 部门（Department） 职位（Position）工作年限（Age）	文东华（2011） Ni et al.（2012） 诸波（2013）

第二，将本书重点研究的四个变量的测量量表在课题组内部进行讨论，课题组由两位教授、两位副教授和六位博士生组成，课题组研究话题集中在管理会计实证研究领域，而且对问卷调查方法和管理会计相关问题具有较为深入的研究。在课题组讨论的基础上，仔细修改各变量题项及其措辞，形成问卷初稿。随后于 2013 年 10 月对问卷初稿进行试调查，调查对象包括 4 位企业管理人员，并请他们就内容熟悉程度、题项措辞的理解程度、问卷的篇幅长短、回答所需时间等问题给出反馈意见。根据这些反馈意见，再次对问卷进行修改，尽量将问卷措辞修改为实务界人士容易理解的词句，整个问卷的长度压缩到 9 页，大概 30 分钟的时间就可以完成问卷的填写。

第三，选择具有代表性的企业进行实地调研。在实地调研的过程中，分别选择了一家国有企业和一家民营企业的财务负责人，进行了一个小时左右的实地访谈，同时邀请他们对我们初步设计的问卷进行评价并提出修改建议。由于国内外文化和企业经营机制的差异，根据实地访谈数据和变量的理论内涵，对各研究变量下的部分题项进行了适当的修改和补充。

第四，谨慎地选择研究样本的 Likert 值范围。传统的调查问卷一般采用5点或7点计分制。但是，Chen（1995）发现，在问卷调查过程中，处于不同文化背景下的被调查者，其回答问题的心理倾向是不同的。奉行儒家文化的东亚国家，如中国、日本等，崇尚中庸之道。如果采用西方国家问卷调查普遍使用的奇数 Likert 量表，则东亚国家的被调查者倾向于选择位于中间的数值（刘海建和陈传明，2007；诸波，2013）。基于这点考虑，国内不少学者采用偶数 Likert 量表进行问卷调查，如陈永霞等（2006）、刘海建和陈传明（2007）均采用6点 Likert 量表。目的是让被调查者能够在3与4之间做出较为明确的心理判断，提高研究数据的质量。

3.2.2 问卷发放与回收

调查问卷的发放分为两个途径：现场发放和网络发放。本次调查问卷的发放与回收总共持续两个月，从 2013 年 10 月初到 2013 年11 月底。现场发放又细分两阶段进行。第一阶段的调查对象主要是西南财经大学在职 MPAcc 学员，调查问卷发放前，事先跟西南财经大学会计学院 MPAcc 中心管理人员联系确定学员的上课时间和授课老师，并征得授课老师同意。我校在职 MPAcc 学员都是在职攻读硕士学位，具有较为丰富的管理实践经验，尤其是很多 MPAcc 学员都是大型企业的财务主管人员或者企业子公司或者项目组主管会计。第二阶段通过实地走访企业发放并回收问卷，在调查问卷发放前，也事先跟企业集团财务主管人员取得联系并征得同意，在问卷发放时，问卷发放对象为集团企业下属子公司或者项目财务经理等相关人员，并且严格控制每个子公司或者项目组问卷填写人员不超过一名。网络电子版问卷主要是通过我校 MPAcc 联合会以及校友渠道发放，可以收集到不同地区、更大范围的研究样本信息。在电子版问卷发放以前，在我校 MPAcc 联合会管理人员的帮助下对问卷发放对象进行了严格的筛选，并通过网络 QQ 群进行了充分的动员。在此需要说明的是，本书的研究对象是企业经营业务单元，包括集团企业下属子公司、分公司以及设有独立会计核算单位的项目部，在后面论文中"样本企业"特指公司经营业务单元。

　　本次调查问卷第一阶段现场发放 102 份，收回问卷 98 份（已剔除政府机关与事业单位，以及被调查人员当前并不从事财务工作与只从事过出纳工作的样本）；第二阶段现场发放问卷 82 份，收回问卷 72 份。网络发放 121 份，收回 87 份。利用两种途径总共发放调查问卷 305 份，回收 257 份，问卷回收率为 84.26%。问卷回收之后，通过对调查问卷填答情况的仔细分析，发现有一部分问卷存在问卷填答不完整或者明显的填答不认真等情况（如问卷所有量表全部选择某一特定得分值，问卷中有部分量表填写不完整等），在问卷数据录入过程中就将这部分调查样本删除掉，总共删除掉 43 份，剩下调查样本 214 份，问卷的实际回收率为 70.16%。问卷录入由六名课题组成员帮助录入完成，每一份问卷用 Excel 录入两次，并相互比对录入结果，以保证录入数据的准确性。问卷发放与回收详细情况如表 3.2 所示。

表3.2 问卷发放与回收情况

问卷发放方式	发放阶段	发放问卷	最终有效问卷 （有效问卷百分比）
现场发放	第一阶段	102	96（94.12%）
现场发放	第二阶段	82	52（63.41%）
网络发放	–	121	66（54.55%）
合计		305	214（70.16%）

3.2.3 样本特征

在对样本的严格筛选和数据的准确录入后，本节将分析所收集数据的基本特征，包括调查样本企业的总体特征（以经营业务单元为单位）和被调查者的个人基本特征（也称作人口特征）。

3.2.3.1 样本企业特征

样本企业的总体特征主要从被调查企业的上市背景、所有权性质、所属行业类型、成立时间与员工人数等方面进行描述。

（1）上市背景

如表3.3所示，214家样本企业中上市公司有108家，占总样本企业50.47%；非上市公司有106家，占总样本企业49.53%。上市公司与非上市公司占总样本企业的比例大致相同，反映出被调查企业在上市背景特征方面具有较强的代表性。

表3.3 样本企业上市背景分布特征

上市背景	样本数	百分比（%）
上市公司	108	50.47%
非上市公司	106	49.53%
合计	214	100

（2）产权性质

样本企业的产权性质分布特征见表 3.4，214 家样本企业中，国有独资或国有控股企业即具有国有产权背景的企业有 164 家，占总样本企业 76.64%；民营企业有 40 家，占总样本企业 18.69%；中外合资企业有 4 家，占总样本企业 1.87%；外资企业有 6 家，占总样本企业 2.80%。本书的后续分析过程中，将 115 家样本企业的所有制性质分为两类：国有企业与民营企业。为了实证分析的方便，根据样本企业性质的具体内涵，将中外合资企业和外资企业也划归为民营企业一类；国有独资或国有控股企业划归为国有企业一类。归类之后，214 家样本企业中，国有企业有 164 家，占总样本企业 76.64%；民营企业有 50 家，占总样本企业 23.36%。

表 3.4　样本企业所有制性质的分布特征

所有制性质	样本数	百分比（%）
国有独资或国有控股企业	164	76.64
民营企业	40	18.69
中外合资企业	4	1.87
外资企业	6	2.80
合计	214	100
	国有企业	非国有企业
样本数	164	50
百分比	76.64%	23.36%

（3）行业分布

按照证监会颁布的《上市公司行业分类指引》，本调查问卷设置 13 个行业大类，制造业下设 10 个行业小类。样本企业的行业大类分布特征见表3.5，本次调查的样本企业涵盖全部13个行业大类，其中制造业、建筑业与信息技术业分别有90家、49家和19家，分别占总样本42.05%、22.90%和8.80%。属于制造业的样本企业最多，其次是建筑业。需要说明的是，在资本市场管理学、金融学以及会计学研究中，由于金融行业的特殊性，其依据的会计准则和信息披露的规则不同于其他行业，因此一般将金融业样本删除掉。但是，本书研究的话题属于企业内部管理问题，使用的数据不是企业对外披露的信息，而且金融企业归根结底还是企业，只是经营对象不一样而已，所以保留金融保险行业样本并不会对研究结论产生不利的影响（诸波，2013）。

表3.5　样本企业的行业大类分布特征

行业大类	样本数	百分比（%）
制造业	90	42.05
建筑业	49	22.90
信息技术业	19	8.80
金融、保险业	8	3.74
交通运输、仓储业	8	3.74
社会服务业	3	1.40
电力、煤气及水的生产和供应业	4	1.87
房地产业	8	3.74
综合类	16	7.48
采掘业	1	0.08
批发和零售贸易业	4	1.87
农、林、牧、渔业	2	0.93
传播与文化产业	2	0.93
合计	214	100

样本企业所属制造业的细分行业分布特征见表 3.6，90 家制造业样本企业涵盖制造业细分行业的 4 个，主要分布在机械、设备、仪表类中。其中，机械、设备、仪表行业与石油、化学、塑胶、塑料行业分别有 83 家、4 家样本企业，分别占总样本企业 92.22% 和 4.44%。

表 3.6 样本企业所属制造业的细分行业分布特征

制造业细分行业	样本数	百分比（%）
机械、设备、仪表	83	92.22
石油、化学、塑胶、塑料	4	4.44
电子	2	2.22
金属、非金属	1	1.11
合计	90	100

从行业分布来看，本书所用调查问卷设置 13 个行业类别，样本企业全部覆盖 13 个行业，充分说明本书所用调查样本的行业分布十分广泛，所得研究结论具有较大的行业普适性。

（4）成立年限

样本企业成立年限分布特征如表 3.7 所示，样本企业成立年限分布范围广泛，既包括成立年限 10 年以下的企业 47 家，占总样本 21.96%，又包括成立年限 20 年及以上的企业 37 家，占总样本 17.29%，成立年限在 10~20 年的企业 130 家，占总样本 60.75%。由此可见，本书的样本企业成立年限分布较为均衡，处于不同的生命周期，同时成立年限集中在中间 10~20 年，内部经营管理相对较为成熟，具有较好的代表性。

表 3.7　样本企业成立年限分布特征

成立年限	样本数	百分比（％）
10 年以下	47	21. 96
10～20 年	130	60. 75
20 年及以上	37	17. 29
合计	214	100

（5）员工人数

样本企业员工人数分布特征见表 3.8，员工人数低于 100 人的小型企业有 20 家，仅占总样本的 9.35％；员工人数为 100～500 人的企业有 49 家，占总样本的 22.90％；员工人数为 500～2000 人的企业有 51 家，占总样本的 23.83％；员工人数为 2000～10000 人的企业有 47 家（国有大型企业集团，以集团总规模为标准），占总样本的 21.96％；员工人数为 10000 人及以上的大型企业有 47 家，仅占总样本的 21.96％。在一定程度上，员工人数的多少代表企业规模的大小。从样本企业员工人数分布特征来看，员工人数在 100 人以下的小型企业与员工人数在 2000 人以上的大型企业都比较少，分别占总样本的 14.78％和 19.13％，大多数样本企业的员工人数分布在 100～500 人与 500～2000 人这两个区间，分别占到总样本的 22.90％和 22.83％。可见，样本企业的规模基本上服从正态分布，这也反映出样本企业具有广泛的代表性。

表 3.8 样本企业员工人数分布特征

员工人数	样本数	百分比（%）
100 人以下	20	9.35
100~500 人	49	22.90
500~2000 人	51	23.83
2000~10000 人	47	21.96
10000 人及以上	47	21.96
合计	214	100

3.2.3.2 被调查者特征

上一小节主要描述了研究对象的基本特征，目的是说明研究样本选择的适当性，具有较为广泛的代表性。但是，仅有研究样本的适当性还不够。后续的实证检验所使用的数据是由被调查者填答的，为了说明研究数据的适当性，还需要进一步描述被调查者的基本特征，主要涉及学历、任职部门、工作职位和任职年限。

（1）被调查者的学历分布

调查问卷中设置 5 个学历层次，包括大专以下、大专、本科、硕士和博士。被调查者的学历分布特征见表 3.9，从该表可以看出，被调查者中拥有大专学历的有 38 人，占总样本的 17.76%；拥有本科学历的有 145 人，占总样本的 67.76%（在职 MPAcc 学员全部算作本科学历）；拥有硕士学历的有 30 人，占总样本的 14.02%；拥有博士学士学历的 1 人，占总样本的 0.47%。但是，被调查者的学历主要分布在大专、本科和硕士三个层次，博士学历仅 1 人，没有大专以下的被调查者。由此可见，被调查者的学历层次整体较高，大部分都是本科及以上的学历，占总样本的 82.24%。这说明被调查者能够胜任本次问卷调查，在一定程度上保证调查数据的质量。

表 3.9　被调查者的学历分布特征

学历	样本数	百分比（%）
大专	38	17.76
本科	145	67.76
硕士	30	14.02
博士	1	0.47
合计	214	100

（2）被调查者工作职位分布

被调查者工作职位分布特征见表 3.10，从该表可以看出，被调查者大部分是各个企业的管理者，其中高层管理者有 21 位、中层管理者有 73 位、基层管理者有 97 位，分别占总被调查者的 9.81%、34.11% 和 45.33%。另有 23 位被调查者选择其他，说明这些被调查者是企业的普通职员。由这些数据可知，大约 90% 的被调查者都是企业的会计与财务工作的管理者。作为管理者的被调查者对于企业外部环境、会计信息系统特别是管理会计更加透彻，对于企业管理实践的认知更加深入，有利于对调查问卷的相关问题进行准确判断，这也在一定程度上保证了样本数据的质量。

表 3.10　被调查者工作职位分布特征

工作职位	样本数	百分比（%）
高层管理者	21	9.81
中层管理者	73	34.11
基层管理者	97	45.33
其他	23	10.75
合计	214	100

（3）被调查者任职年限分布

被调查者任职当前公司的工作年限分布特征见表 3.11，由于调查问卷中涉及对所在企业经营环境、会计分权与管理会计师工作实践的判断，因此被调查者在当前企业工作年限较长，对企业的各种情况更加熟悉，更能做出较为准确的判断。从该表可以看出，任职当前企业的工作年限 1 ~ 2 年的被调查者有 40 位，占总被调查者的 18.69%；工作年限 3 ~ 5 年的被调查者有 70 位，占总被调查者的 32.71%；工作年限 6 ~ 9 年的被调查者有 44 位，占总被调查者的 20.56%；工作年限 10 年及以上的被调查者有 60 位，占总被调查者的 28.04%。工作年限超过 3 年的被调查者大约占 80%，由此可以认为被调查者对所在企业的实际情况较为了解，基本能够准确地填答调查问卷。

表 3.11　被调查者任职当前公司的工作年限分布特征

工作年限	样本数	百分比（%）
1 ~ 2 年	40	18.69
3 ~ 5 年	70	32.71
6 ~ 9 年	44	20.56
10 年及以上	60	28.04
合计	214	100

综上所述，本节从样本企业特征和被调查者特征两个方面详细地描述了样本数据的基本特征。不管是样本企业特征，还是被调查者特征，都充分说明样本数据具有广泛的代表性和较高的数据质量，可以运用该问卷数据进行后续的实证检验。

3.2.4 数据分析方法

当前的计量经济学分析按照自变量和因变量之间的关系类型，可分为线性回归分析和非线性回归分析。线性回归是利用数理统计中的回归分析，来确定两种或两种以上变量间相互依赖的定量关系的一种统计分析方法，运用十分广泛，是当前经验会计研究的主流研究工具。

结构方程模型（Structural Equation Modeling，SEM）是社会科学研究中的一个非常好的方法。该方法在 20 世纪 80 年代就已经成熟，可惜国内了解的人并不多。在社会科学以及经济、市场、管理等研究领域，有时需处理多个原因、多个结果的关系，或者会碰到不可直接观测的变量（潜变量），这些都是传统的统计方法不能很好解决的问题。20 世纪 80 年代以来，结构方程模型迅速发展，弥补了传统统计方法的不足，成为多元数据分析的重要工具（易丹辉，2008；吴明隆，2010）。相比于计量经济学方法，结构方程模型可同时考虑并处理多个因变量。在回归分析或路径分析中，就算统计结果的图表中展示多个因变量，其实在计算回归系数或路径系数时，仍是对每个因变量逐一计算。所以图表看似对多个因变量同时考虑，但在计算对某一个因变量的影响或关系时，都忽略了其他因变量的存在及其影响。此外，结构方程模型同时估计了因子结构和因子关系，也就避免了传统的路径分析方法中在模型构筑时的随意性。

本书的实证部分将同时运用线性回归模型和结构方程模型检验研究假设。之所以用两种计量经济学方法同时检验本书的研究假设，是基于以下几点考虑：首先，相对于其他统计方法，线性回归模型对于验证我们想要关注的主要变量之间的直接关系具有不可比拟的优势，如线性回归模型可以在充分控制其他因素对被解释变量的情况下，清晰展示解释变量与被解释变量的线性关系；其次，如前一章所示，本书的实证理论框架是多层次的、结构性的，变量与变量之间的关系也是结构的，结构方程研究的就是变量与变量之间的结构关系；最后，同时利用线性回归模型和结构方程，实证结果可以相互印证、相互比较，以增强本书研究结论的稳健性。

3.3 本章小结

本章的第一节分别基于制度理论和代理理论解释了会计分权分别对于管理会计师角色和管理会计信息决策有用性的内在作用机理。本章的第三节，基于权变理论打通了"外部环境影响因素（外部环境情景因素）——内部环境影响因素（内部环境情景因素）——会计分权——管理会计师角色——管理会计信息决策有用性"的理论链条。因而，明确了本书后面章节的实证部分的基本研究框架。本章第二节分四部分详细地阐述了本书的研究方法，包括问卷设计过程、调查问卷的发放与回收过程、样本数据的基本特征及其数据分析方法。在问卷设计过程中，严格按照调查问卷设计的基本规范，保证问卷数据获取的质量。首先，通过对本书研究问题的理论分析，确定实证检验所需的理论变量，寻找国外已有文献对这些理论变量进行度量的量表。然后，分别选择了一家国有企业和一家民营企业的财务负责人，进行了一个小时左右的实地访谈，同时邀请他们对我们初步设计的问卷进行评价并提出修改建议。由于国内外文化和企业经营机制的差异，根据实地访谈数据和变量的理论内涵，对各研究变量下的部分题项进行了适当的修改和补充。

本次调查问卷的发放采用两种方式：现场发放和网络发放。现场发放对象是西南财经大学在职 MPAcc 学员，这些在职学员具有丰富的管理实践经验。网络发放对象是我校校友，工作于不同地区的不同行业，具有较为广泛的代表性。本次调查问卷发放分两阶段进行。第一阶段现场发放 102 份，收回问卷 98 份（已剔除政府机关与事业单位，以及被调查人员当前并不从事财务工作与只从事过出纳工作的样本）；第二阶段现场发放问卷 82 份，收回问卷 72 份。网络发放 121 份，收回 87 份。利用两种途径总共发放调查问卷 305 份，回收 257 份，问卷回收率为 84.26%。问卷回收之后，通过对调查问卷填答情况的仔细分析，发现有一部分问卷存在问卷填答不完整或者明显的填答不认真等情况（如问卷所有量表全部选择某一特定得分值，问卷中有部分量表填写不完整等），在问卷数据录入过程中就将这部分调查样本删除掉，总共删除掉 43 份，剩下调查样本 213 份，问卷的实际回收率为 70.16%。基于 214 份问卷数据，从样本企业和被调查者两个方面描述样本数据的基本特征。样本企业特征涉及被调查企业的上市背景、所有制性质、所属行业类型、成立时间与员工人数五个方面；被调查者的特征涉及学历、任职部门、工作职位和任职年限四个方面。通过对样本数据九个方面的全面描述，认为样本数据具有广泛的代表性，数据的质量较高。本章第四节简单地介绍了后续章节的实证检验所使用的基本方法。

4. 情境因素、经营分权与会计分权

随着现代企业规模化、多元化发展，企业集团会计权力的分配究竟是应该"收"还是"放"，成了经营管理者不得不面对的一个问题。毕竟，企业的财权分配直接关系到企业内部其他各种权力分配与安排。和上下级单位经营决策权力分配一样，会计系统的建立和运营作为企业内部重要的财权，同样也存在权力的配置与划拨。因而，会计权力的分配本质上就是一种组织内部的权力分配制度，是上级单位与下级经营业务单元之间的权力分配格局，是权衡企业内部各相关因素的结果，其形成不仅受到内外部多方面因素的影响，而且不同的会计权力配置方式本身也会对企业经营管理产生不同层次的影响。Indjejikian 和 Matějka（2012）将会计分权定义为，上级单位分配给下属经营业务单元的与会计相关的决策权力，包括经营业务单元在多大程度上具有自主设计内部会计系统和选择与自身经营业绩相关的会计政策等权力，即经营业务单元在会计系统的设计、建立以及管理方面可以获得多大的自由度。全面的会计集权意味着上级单位需要决定并处理大大小小与会计相关的所有事务，下属经营业务单元没有任何与会计相关的权力与自由；全面的会计分权则意味着下属经营业务单元在会计决策上享有相机处理所有问题的自由，而其所受约束也最少。当然，两种模式都是极端的，实践中会计的"集权"与"分权"并非一个二元选择的问题。会计涵盖面如此之大，边界又如此之广，组织经营管理者应该做到既有所"收"，也有所"放"，收放自如，张弛有度。

会计分权受到哪些因素的影响，其与这些因素之间又是如何相互依照相互匹配的呢？企业究竟应该如何选择合适的会计分权模式？如果不将会计的分权和集权当做企业会计系统设计的二元化选择，而是认为企业会根据自我环境和条件自主地选择会计分权模式，那么研究企业会计分权就必须以企业所处的环境作为逻辑起点，考察影响中国企业会计分权实践的影响因素，会计分权的讨论就成为了一个实证问题。基于此，本书在结合以往文献的基础上，提出可能影响企业会计分权的情景因素，并通过调查问卷的方式识别、检验以上因素是否对会计分权存在影响。

本章研究会计分权的影响因素，可能具有以下几点贡献：第一，以往文献较多地关注会计分权的经济后果，本书探索会计分权的影响因素，可以帮助我们更好地理解会计分权的内在机理，补充对于组织经营管理实践中会计系统设计的认识。其二，以往文献已经较多地关注了外部情景因素对企业内部经营管理特别是对于经营权力配置的影响（Baiman 等，1995；Negar，2002；Christie 等，2003），本书的研究则把情景因素影响企业内部权力配置的触角深入到会计系统的层面。其三，虽然当前在我国会计分权的概念尚不明确，但是如果以 Indjejikian 和 Matĕjka（2012）对会计分权的定义来看，我国集团企业在实践中已经存在会计分权的基本事实，换言之，集团企业内部上级单位必然或多或少地向下级单位分配一定的会计自主权力。因此，本书基于权变理论的视角研究会计分权的影响因素，为企业经营管理者在设计会计系统时，提供了一个可参考的思维框架。

本章剩余部分安排如下：第二部分是理论分析并提出本章的研究假设；第三部分为本书的研究设计，构筑结构方程模型，介绍论文问卷设计、发放与回收情况；第三部分报告并分析本书实证研究的结果；第四部分是本章的研究结论。

4.1　理论分析与研究假设

企业存在的本质在于其完成决策和资源配置的效率比市场更高（Williamson，1973），但是由于企业管理者的信息处理能力有限，并不能有效处理企业决策和资源配置的所有信息，因此企业必然将权力逐渐下放给具有专门信息和知识的人，以换取效率（Jensen 和 Meckling，1992），这便是分权的内在逻辑。因此，对于会计来讲，如何适应不同企业内部权力分配模式，建立有效的会计信息系统以支持企业管理和决策，开始越来越受到相关研究的关注与探讨（Merchant 等，1981；Abernethy 等，2004；Moers，2006）。分权并不只是一个理论问题，分权也是我国企业市场化改革与管理实践中的重要议题，如企业总部应该如何将权力下放给下级单位（洪剑峭，1998；庞义成和房毅，2001；王斌和高晨，2003；杨玉龙等，2014），分权模式下企业的财务管理和管理会计信息系统究竟又应该采用"集权"模式还是"分权"模式（裴伯英，1998；冯巧根，2000；胡美琴和张爱民，2003；张小丽，2006；张会丽和吴有红，2011；邓博夫等，2016）。这个地方的财务管理的"集权"和"分权"主要是指企业的融资、投资与分配等相关的权力，虽然不是直接特指会计系统设计与运营的自主权力，但是也在一定程度上涉及了会计分权的概念。而以往文献对于组织分权下管理会计信息系统究竟应该如何与不同的组织权力配置模式相互匹配的讨论，已经开始非常接近于 Indjejikian 和 Matějka（2012）会计分权的概念，因为后者落脚点正是企业内部上下级单位之间管理会计信息系统设计时所衍生出的权力配置模式。

Indjejikian 和 Matějka（2012）认为，经营决策权力和会计决策权力同为组织内两种可以由上至下授予分配的权力，都是企业上下级单位之间权力分配格局的重要组成部分。他们提出，所谓集权的会计系统（Centralized Accounting System）包括以下几点特征：首先，经营业务单元经理层向上级单位提交的财务报告无论从内容还是形式上高度标准化；其次，上级单位及其下属经营业务单元遵循统一的会计制度，并采用相同的会计政策和方法；最后，上级单位对于下级各经营业务单元在资产评估、成本摊销和企业内部转移定价等方面以正式的或非正式的方式进行指导。而分权的会计系统（Decentralized Accounting System）则是指虽然上级单位及其下属经营业务单元遵循相同的会计准则，但是经营业务单元可以在很大程度上根据自身的需求选择会计政策和方法。

根据 Indjejikian 和 Matějka（2012）所设计的考察企业会计分权量表特征来看，上下级单位之间的会计权力分配并非两极的。换言之，企业并不是直接选择"分权"和"集权"两种极端的模式，而是根据自身的情况选择分权或集权的程度。因此，我们并不能一概而论是会计集权管理模式好还是会计分权管理模式好，更应该具体问题具体分析，从企业自身的角度出发讨论企业在会计权力分配时候的内在逻辑。这种"具体问题具体分析"的思想的本质其实就是权变理论的思想，即摒弃讨论会计"集权"与"分权"的孰优孰劣，对二者并不做过多的价值判断，接受存在即合理的现实，转而探索何种因素在影响组织会计权力的分配，组织经营者在平衡控制与分权时，究竟是哪些因素产生了影响。

那么，如何理解企业会计分权的内在逻辑呢？现有很多管理会计学者认为，在组织经营分权管理模式下，对于单个责任中心的控制都不可避免地要与其产出等财务绩效指标联系起来，因此管理控制要以基于自上而下的管理会计信息为业绩评价的基础，即更多采用"集权"的会计模式（Tomo 和 Asada，2002）。也有一些学者提出不同看法。例如，Johnson（1994；2011）认为，企业应当消除自上而下的会计控制，因为基于会计信息的控制手段可能会促使员工为达到财务目标，操纵流程，引发道德风险。企业应该使用自下而上（Bottom - Up）的会计信息，即更多采用"分权"的会计模式，这样可以帮助员工有效控制自身经营流程，从而增加产品的市场满意度。结合上文关于经营分权和会计分权两者关系的讨论，本书认为，企业决定将经营权和会计权下放给下级经营单元的本质逻辑都在于：由于经营环境所引发的上级单位与下级单位信息不对称，上级单位必须以权力的下放换取经营的效率，谁能接触和利用好更及时、更准确的信息，谁就应该拥有更大的权力。

在现代企业尤其是层级较多的企业和多元化企业中，下级经营业务单元在其自身所处的市场具有更大的信息优势。当信息传递的成本较高时，组织就会将市场、经营、投资等决策权力分散给下级管理层（Melumad 和 Reichelstein，1987；Milgrom 和 Roberts，1992；Jensen 和 Meckling，1995），即经营分权。每个经营业务单元的资源禀赋和文化传统不一样，所需要的会计决策也不一样，因此，在一定限度内，只有在赋予更多经营权力的同时赋予更多会计权力，才能使下级经营业务单元有更高的效率。基于此，提出研究假设1。

假设1：上级单位对于经营业务单元的经营分权程度越高，则相应地对下级经营业务单元会计分权程度越高。

会计分权的程度会受到哪些因素的影响呢？根据前文的分析，组织分权的程度与私有信息具有较高的相关性。经营分权与经营业务单元和上级单位之间在技术与管理活动方面的信息不对称程度正相关（Bouwens 和 van Lent，2007；Abernethy 等，2010）。会计分权也是上级单位与下级经营业务单元之间的信息不对称的产物。因此，面对外部经营环境不确定性程度较高、市场竞争程度较激烈时，有两种考虑的思路：一种思路认为，环境不确定性程度越高、竞争越激烈，上级单位就越难掌握足够的经营信息并进行及时反馈，经营分权的动机较大。对于规模较大、经营业务相对复杂的企业来说，如果想保证经营业务单元的成长性以及创新性，更需要进行经营分权（Baiman 等，1995；Christie 等，2003；Negar，2011）。而分权的会计系统可以促使经营业务单元的会计师有效协助其经理人做出更好的决策（Christie 等，2003），因此这种情况下需要赋予下级经营业务单元更大的会计分权，以激发经营业务单元的活力与创造力，有效应对市场的变化。另一种思路则认为，环境不确定性程度越高、竞争越激烈，在给予业务单元更大的经营自主权之后，如果给予的会计自主权过大，可能会导致上级单位对下属经营业务单元的管理失控（Simon 等，1954；Siegel 和 Sorensen，1999）。再者，从我国的企业管理控制实践来看，企业自身的人事权力配置也往往受到上级单位的约束。在此情境下，企业的人事自主权力越小，企业整体内部权力往往更趋于向上集权，而非分权（Connor 等，2006）。

本书认为，基于"权责对等"的原则，面对日趋激烈的市场竞争和复杂多变的市场环境，企业需要给予下级经营业务单元更多的会计自主权。并且，企业人事权力受干预程度越低，会更倾向于向下级经营业务单元分配更多的会计自主权。至于如何保证不会出现管理失控的情况，可以综合采用多种管理手段，企业管理实践中并不存在普遍适用的管理手段和方法。基于此，提出研究假设 2a ~ 2c。

假设 2a：当经营环境不确定性程度越高，企业会更倾向于对经营业务单元分配更多的经营自主权，从而向下级经营业务单元分配更多的会计自主权。

假设 2b：市场竞争程度越激烈，企业会更倾向于对经营业务单元分配更多的经营自主权，从而向下级经营业务单元分配更多的会计自主权。

假设 2c：企业人事权力受干预程度越高，企业会更倾向于对经营业务单元分配更少的经营自主权，从而向下级经营业务单元分配更少的会计自主权。

4.2 研究设计

4.2.1 结构方程建模

基于前文所提出的研究假设，本书设计了结构方程模型，如图4.1所示。图中每一个椭圆代表一个潜变量，包括经营环境不确定性（Environmental Uncertainty）、市场竞争程度（Competition）、人事权力受干预程度（Power）、经营分权（Operational Decentralization）以及会计分权（Accounting Decentralization）。图中每一个正方形代表一个显变量，在模型中主要起控制作用，包括公司规模（Size）、企业是否上市（List）、企业产权性质（Stateownership）以及企业成立年限（Age）。图中每一条路径都有一个路径系数，如 β_1 代表着经营分权与会计分权之间的相关性。如果路径系数 β_1 显著为正，则假设1成立，否则假设1不成立。

为了验证本书的假设2，在结构方程模型中，我们加入了经营环境不确定性、市场竞争程度和企业人事权力受干预程度。如果路径系数 β_2 和 β_6 均显著为正，即随着经营环境不确定性和市场竞争程度的增加，企业会更倾向于对经营业务单元分配更多的经营自主权，并匹配相应的会计权力，则假设2a和2b成立，否则假设2a和2b不成立。如果 β_3 和 β_7 显著为正，则说明经营环境不确定性和市场竞争程度除了通过经营分权间接作用于会计分权，同时也存在一个直接作用于会计分权的效应。如果路径系数 β_4 显著为负，则说明随着企业

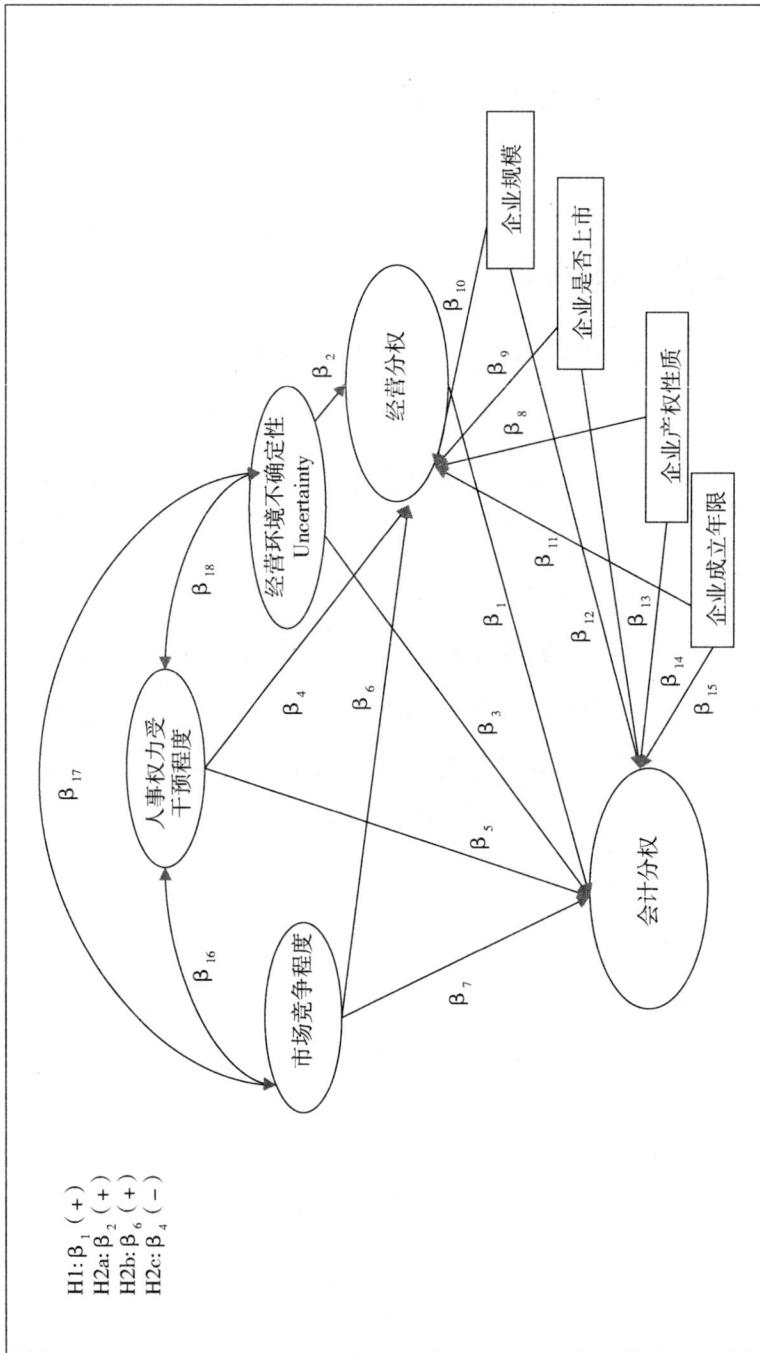

图 4.1 结构方程模型

的人事权力受干预程度越高，企业上级单位向下级经营业务单元的经营分权程度也就越低，同时通过经营分权间接作用会计分权，则研究假设 2c 成立，否则研究假设 2c 不成立。如果路径系数 β_5 显著为负，则说明企业人事权力受干预程度还会直接影响到会计分权程度。

此外，如本书的结构方程所示，影响到经营分权的因素可能还包括企业规模、企业产权性质、企业是否上市以及企业成立年限。因此在模型中，我们也对上述因素加以控制。

4.2.2 问卷设计

为了度量各潜变量并探索它们之间的结构关系，本书参考以往研究成熟的问卷设计了 Likert 量表。传统的调查问卷一般采用 5 点或 7 点计分制。但是，东亚国家如中国、日本等，崇尚中庸之道，如果采用西方国家问卷调查普遍使用的奇数 Likert 量表，那么被调查者倾向于选择位于中间的数值（刘海建和陈传明，2007）。基于这点考虑，国内不少学者采用偶数 Likert 量表进行问卷调查，如陈永霞等（2006）、刘海建和陈传明（2007）均采用 6 点记分制 Likert 量表。目的是让被调查者能够在 3 与 4 之间做出较为明确的判断，提高研究数据的质量。因此，本书的每个潜变量由若干题项共同度量，被调查对象对各题项的描述做出 6 点打分。整个问卷的长度控制在 9 页以内，大概 30 分钟的时间就可以完成问卷的填写。问卷的内容包括调查对象个人背景信息，调查对象所在企业的基本情况，以及关于企业经营管理和会计系统等系列板块（主要变量的衡量维度参考表 4.1）。

本书参考 Chenhall 和 Morris（1986）、Baines 和 Langfield – Smith（2003）、Indjejikian 和 Matějka（2012）设置经营环境不确定性以及市场竞争程度变量。参考 O'Connor 等（2006）设置企业人事权力受干预程度变量。参考 Indjejikian 和 Matějka（2012）对会计分权的定义，即经营业务单元在会计系统的设计、建立以及运行方面可以获得的自由度，设置了相应的维度度量上下级单位之间的会计权力配置方式，或上级单位向下级经营业务单元的会计分权程度。同时，本书还参考 Abernethy 等（2004）、Bouwens 和 Van Lent（2007）设置了经营分权度量的各维度，包括企业是否拥有自主开发新的产品或者服务的权力、企业是否有自主的人事权力、企业是否有自主的投资权力等。此外，本书控制的显变量包括，公司规模（Size）为企业人员数量取对数；企业是否上市（List）为哑变量，取值为"1"时代表的是上市公司，为"0"则代表非上市公司；企业产权性质（Stateownership）为哑变量，取值为"1"时代表国有企业，为"0"则代表非国有企业；企业成立年限（Age）为企业成立时间。

4.2.3　问卷调查发放情况

本次调查问卷的发放与回收时间是在 2013 年 10 月初到 2013 年 11 月底。发放的对象主要是会计专业在职硕士研究生。问卷发放与回收的方式主要是由任课老师在课堂上发放与回收。本次实验共发放调查问卷 305 份，回收 257 份，问卷回收率为 84. 26% 。问卷回收之后，在问卷录入过程中删除了填答不完整或者明显填答不认真等情况的问卷，总共删除掉 43 份，剩下调查样本 214 份，问卷的实际回收率为 70. 2% 。

问卷调查对象的人员结构如下：性别结构方面，男性人员 89 名，女性人员 125 名；职位结构方面，企业内部高层会计管理人员（总、分、子公司财务主管）58 名、中层会计管理人员（会计相关部门主管，如预算控制部门和成本核算部门主管）57 名以及基层会计人员 97 名，还有 2 名为待业人员；工作年限结构方面，被调查人员平均工作年限 11.0 年，在当前职务任职平均年限为 8.2 年。以上数据说明，本书的被调查对象不仅具有专业的会计知识，而且也具备丰富的管理经验，可以保证问卷调查的质量。

4.3　实证结果分析

4.3.1　问卷调查的因子分析

表 4.1 为主要潜变量因子分析的结果，通过因子分析可以检验问卷设计的理论一致性。本书采用主成分因子分析，如表 4.1 所示，各潜变量的 Cronbach α 系数分别为 0.887、0.795、0.961、0.928 和 0.945，说明量表具有较高的信度。Eigenvalue（特征值）分别为 3.9、2.5、2.8、6.4 和 5.3，进一步说明本书提取的因子具有较高的信度。各潜变量的 KMO 值分别为 0.885、0.664、0.651、0.887 和 0.855，说明本书量表结果适合做因子分析。以上指标共同说明，本书针对各个变量所设置的题项符合其内在的经济意义，适合作为潜变量放入结构方程中。

表 4.1 主要变量验证性因子分析

编号	经营环境不确定性	Environmental Uncertainty
1	贵企业的客户需求与偏好经常发生变化	0.8478
2	贵企业的原材料采购价格经常发生变化	0.7545
3	贵企业所处行业竞争对手对市场发生的变化反应迅速	0.8649
4	本行业的生产技术升级换代快速	0.7746
5	本行业所面临的未来经济形势复杂多变	0.7998
6	贵企业产品在国际市场上的需求量和价格经常发生变化	0.8512

Cronbach α 系数 = 0.887; KMO = 0.885; Bartlett: Chi – square = 655.415, Degree of Freedom = 15; Eigenvalue = 3.9

编号	市场竞争程度	Competition
1	贵企业竞争对手数量	0.7004
2	贵企业所在行业生产技术更新速度	0.7839
3	贵企业所在行业新产品/服务出现的速度	0.8594
4	贵企业所在行业价格竞争程度	0.7154
5	贵企业产品或服务占所在行业的市场份额	0.1750

续表

	市场竞争程度	Competition	Power	Operational Decentralization
6	贵企业所在行业销售渠道竞争程度	0.5074		

Cronbach α 系数 = 0.795; KMO = 0.664; Bartlett: Chi - square = 321.754, Degree of Freedom = 6; Eigenvalue = 2.5

	人事权力受干预程度		Power	
1	贵企业党委书记可以任命成本与利润中心经理		0.9706	
2	贵企业党委书记可以提拔成本与利润中心经理		0.9874	
3	贵企业党委书记可以开除成本与利润中心经理		0.9308	

Cronbach α 系数 = 0.961; KMO = 0.651; Bartlett: Chi - square = 982.640, Degree of Freedom = 3; Eigenvalue = 2.8

	经营分权			Operational Decentralization
1	自主开发新的产品或者服务的权力			0.7771
2	自主的人事权力			0.7436
3	自主的投资权力			0.7752
4	自主的预算权力			0.7831
5	自主的定价权力			0.7832
6	自主的贷款权力			0.7512
7	自主的采购权			0.7419
8	自主的广告投入权力			0.7425

续表

经营分权		Operational Decentralization
9	对雇用人员的薪酬设计	0.8032
10	对雇用人员的培训	0.7716
11	开设新的部门	0.7162

Cronbach α 系数 = 0.928；KMO = 0.887；Bartlett：Chi – square = 1570.177，Degree of Freedom = 55；Eigenvalue = 6.4

会计分权		Accounting Decentralization
1	自主决定如何分配制造费用	0.8979
2	自主决定如何分配销售成本	0.9096
3	自主决定企业内部转移定价	0.8301
4	自主决定资本化或费用化支出	0.8725
5	自主决定存货估值	0.8459
6	自主编制各营业区间预算	0.8722
7	自主制订短期财务计划	0.8473

Cronbach α 系数 = 0.945；KMO = 0.855；Bartlett：Chi – square = 1649.914，Degree of Freedom = 21；Eigenvalue = 5.3

4.3.2 相关性分析

表4.2为本书主要变量的相关性分析。首先，会计分权与经营分权呈显著的正相关，且在1%的水平上显著，这初步说明假设1成立。其次，经营环境不确定性和市场竞争程度与经营分权以及会计分权均呈显著正相关，且在1%的水平上显著，初步说明研究假设2a和2b成立。最后，人事权力干预程度与经营分权以及会计分权均在1%的水平上显著负相关，初步说明随着企业的人事权力受到越多干预，企业的经营分权和会计分权程度越低，假设2c初步成立。当然，更稳健的结论还有赖于结构方程分析。

4.3.3 结构方程结果分析

如表4.3所示，最终模型（Final Model）是在理论模型（Theoretical Model）的基础上删除了不显著的路径系数后的回归结果，因此图4.2和图4.3分别为理论模型和修正后得到的最终模型的回归结果。根据表4.3提供的最终模型估计系数结果，经营分权与会计分权之间的路径系数 β_1 为0.875，且在1%的水平上显著。由此可见，在我国企业内部，上级单位对于下级经营业务单元的会计权力分配是与其赋予经营业务单元自主的经营权力相互匹配的，即假设1得证。

表 4.2　相关性分析结果

	Power	Environmental Uncertainty	Competition	Operational Decentralization	Accounting Decentralization	Stateownership	List	Size	Age
Power	1								
Environmental Uncertainty	0.066	1							
Competition	0.023	0.571***	1						
Operational Decentralization	-0.301***	0.212***	0.191***	1					
Accounting Decentralization	-0.219***	0.201***	0.185***	0.663***	1				
Stateownership	0.320***	-0.180***	-0.253***	-0.378***	-0.242***	1			
List	0.044	0.085	-0.062	-0.035	0.102	0.407***	1		
Size	0.073	-0.039	-0.166**	-0.144**	-0.058	0.476***	0.569***	1	
Age	0.079	-0.064	-0.106	-0.032	0.053	0.312***	0.368***	0.550***	1

注：*、**、***分别代表在10%、5%、1%的水平上显著

表4.3 结构方程参数估计结果

		理论模型	最终模型
Operational Decentralization			
Environmental Uncertainty	β_2	0. 133 **	0. 229 ***
		(1. 97)	(2. 58)
Competition	β_6	0. 095	X
		(1. 42)	X
Power	β_4	− 0. 193 ***	− 0. 455 ***
		(− 2. 72)	(− 3. 14)
Stateownership	β_8	− 1. 027 ***	− 0. 936 ***
		(− 3. 68)	(3. 98)
List	β_9	0. 248	X
		(1. 06)	X
Size	β_{10}	− 0. 061	X
		(− 0. 88)	X
Age	β_{11}	0. 007	X
		(1. 36)	X
Accounting Decentralization			
Operational Decentralization	β_1	0. 854 ***	0. 875 ***
		(7. 32)	(8. 32)
Environmental Uncertainty	β_3	0. 132 **	0. 133 **
		(1. 94)	(1. 98)
Competition	β_7	0. 120 *	0. 139 **
		(1. 67)	(2. 22)
Power	β_5	− 0. 142 **	− 0. 145 **
		(− 1. 92)	(− 1. 96)
Stateownership	β_{14}	0. 047	X
		(0. 15)	X

续表

		理论模型	最终模型
Accounting Decentralization			
List	β_{13}	0.609**	0.637***
		(2.51)	(3.36)
Size	β_{12}	-0.049	X
		(-0.69)	X
Age	β_{15}	0.005	X
		(0.93)	X
Environmental Uncertainty – Competition	β_{17}	0.666***	0.669***
		(5.25)	(5.27)
Environmental Uncertainty – Power	β_{18}	0.024	X
		(0.35)	X
Competition – Power	β_{16}	-0.137***	-0.150***
		(-2.73)	(-3.57)

注：*、**、***分别代表在10%、5%、1%的水平上显著，括号内为 t 值

如表4.3所示，经营环境不确定性与经营分权之间的路径系数 β_2 为0.299，在1%的水平上显著正相关。同时，经营环境不确定性与会计分权之间的关系显著为正，说明存在一个直接作用于会计分权的效应，其路径系数 β_3 为0.133，在5%的水平上显著。基于此，假设2a成立。然而，遗憾的是，根据理论模型和最终模型，我们发现市场竞争程度并非通过经营分权间接作用于会计分权，而是直接作用于会计分权，且路径系数 β_7 为0.139，在5%的水平上显著。由此可见，虽然假设2b不成立，但是模型结果依然表明市场竞争程度的加剧会导致企业上级单位分配给下级经营业务单元更多的会计自主权力。

再如表4.3所示，企业所受到的人事权力干预程度越高，其经营分权程度和会计分权程度也就越低，此时企业所受到的人事权力干预程度既会通过经营权力间接作用于会计分权，路径系数为-0.455，在1%的水平上显著，同时也会直接作用于会计分权，路径系数为-0.145，在5%的水平上显著。由此可知，企业对于经营业务单元的分权程度是与其人事权力自主程度相关的，企业受到的人事权力干预程度越高，经营业务单元的分权程度也就越低。基于此，研究假设2c成立。

模型中的控制变量显示：相对于民营企业，国有企业对于经营业务单元的经营分权更低，会计分权程度也越低；相对于非上市公司，上市公司的会计分权程度更高。同时模型回归结果显示，公司规模与公司成立年限与经营分权和会计分权并不存在显著的关系。

此外，本书的结构方程最终模型的近似误差均方根（RMSEA）为0.071，说明最终模型拟合度较好；卡方值（χ^2）为362.09，模型自由度（df）为111，卡方值与自由度之间的商为3.26，稍微大于一般的判断标准3；比较拟合系数（CFI）为0.873，说明最终模型拟合度一般；标准化残差均方根（SRMR）为0.077，说明最终模型拟合度较好。综上，整体来说本书结构方程最终模型各项拟合指标基本上可以接受。

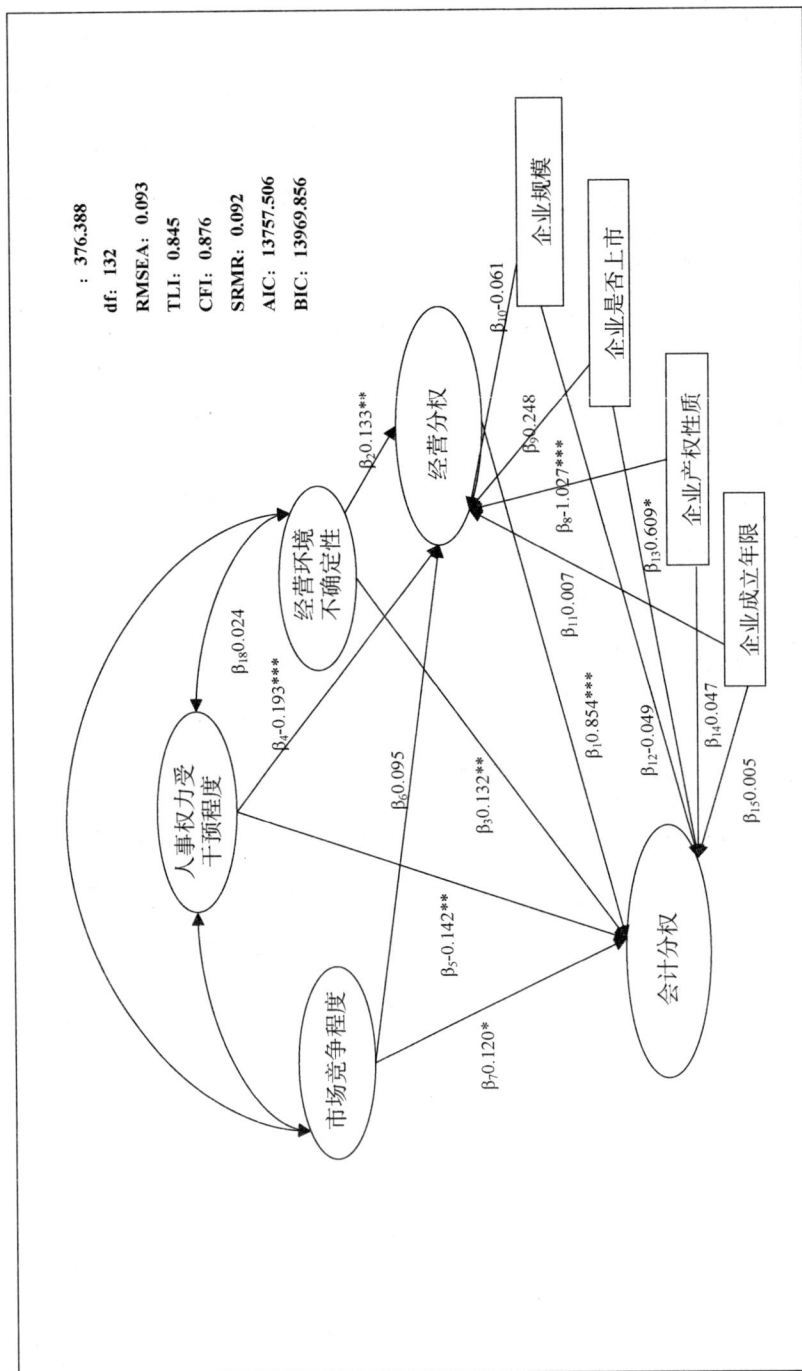

图 4.2 结构方程理论模型回归结果

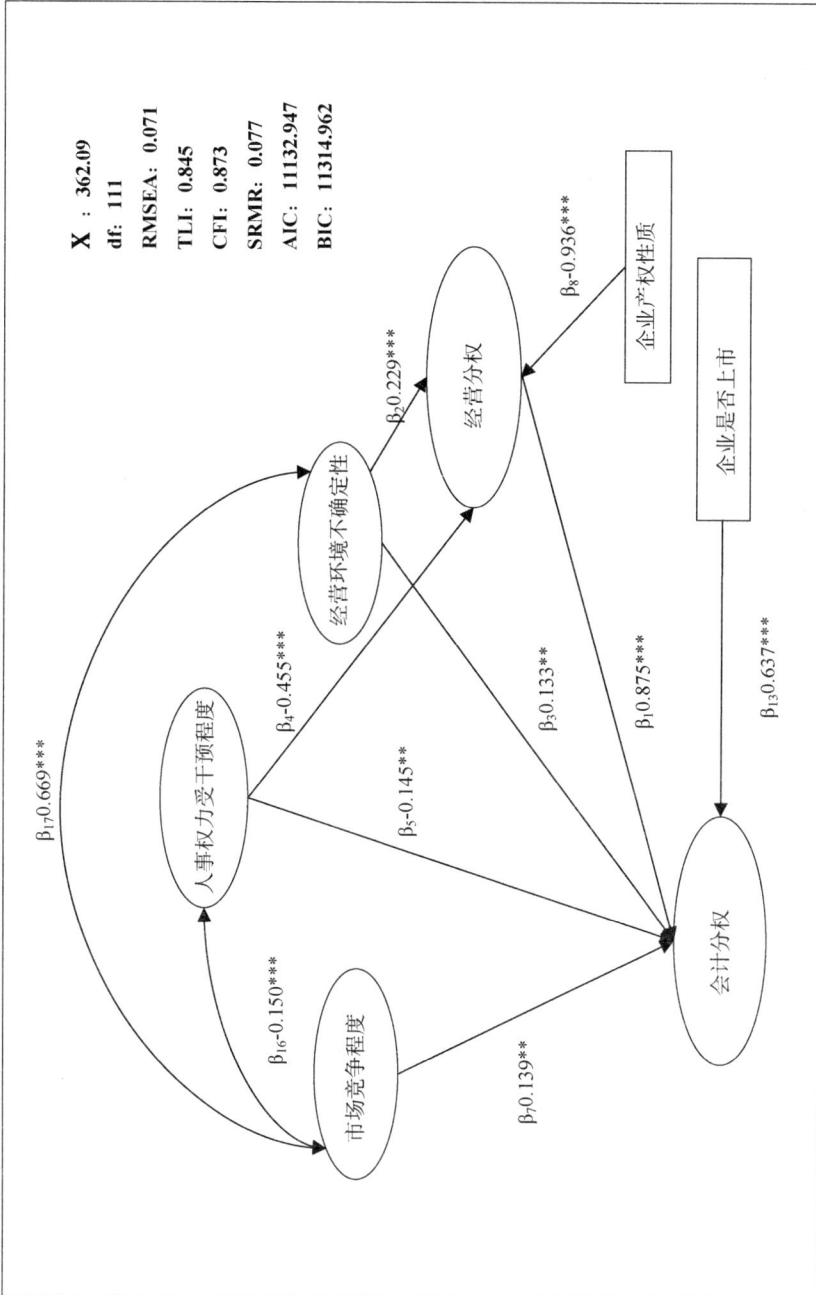

图 4.3　结构方程最终模型回归结果

4.4　研究结论

改革开放以来，我国企业会计制度建设历经多次重要的改革，同时我国企业会计实践也飞速发展、日渐成熟。今天，当我们从企业上下级单位权力配置的视角，对会计系统重新审视，不难发现，上下级之间不仅存在经营分权的问题，其会计系统的设计同样存在权力的分配问题，即会计分权。因此，本书基于问卷调查，通过构建结构方程模型，分析了情境因素、经营分权对会计分权的影响。本书研究发现：首先，企业上级单位赋予下级经营业务单元的经营自主权越多，分配给下级经营业务单元的会计自主权力也越多；其次，随着经营环境不确定性的增加，上级单位会赋予下级经营业务单元更大的经营自主权，并间接地影响到下级经营业务单元的会计分权程度；再次，实证结果表明市场竞争程度并非通过经营分权作用于会计分权，而是直接作用于会计分权；最后，企业人事权力受到的干预程度越高，上级单位赋予下级经营业务单元的经营自主权越少，分配给下级经营业务单元的会计自主权力也越少；此外，公司是否上市以及公司产权性质也会影响会计分权程度。

本章的研究是对 Indjejikian 和 Matějka（2012）所提出的会计分权理论的一种重要补充，利用结构方程模型所提炼出的影响企业会计分权的系列因素，也可以帮助我们更好地理解企业会计分权产生的内在逻辑。从本章的结论可以看出，企业内部特别是集团企业内部，上级单位与下属经营业务单元之间会计系统的设计和建立并非随机或随意的，而是在一系列因素共同的作用下形成的一种管理机制。因此，企业经营管理实践中，无论是经理层还是会计人员，都不应当仅将会计作为一个信息系统，而应该意识到，会计权力也跟经营权力一样，是企业内部的一种权力机制，应当对其授予和约束给予足够的重视。

当然，本章的结论只是提供了一种理论和思路，会计分权的具体实现，还需要根据各企业的具体情况来设计。虽然本章的实证结果证明，企业经营权力和会计权力的授予应该相互匹配，但具体实现的时候，应该遵循"实质重于形式"的原则。例如，我国集团公司的一个重要会计实践是建立财务共享中心（张瑞君等，2010；何瑛和周访，2013），很多集团企业都采用了这种模式。表面上看来，财务共享服务中心已经将企业相应的财务工作收归集团层级，似乎与会计分权相矛盾。然而财务共享服务中心的内涵并非要将财务相关的权力全部收归，共享中心集中的主要是具有规模经济的财务会计业务，如会计核算、支付等，而下级经营业务单元却可以拥有更多的财务资源分配的自主权力。今后如何设计更多更好的会计权力分配机制，值得进一步深入探讨。

5. 情境因素、会计分权与
管理会计师角色转变

市场环境的改变使得企业的边界不断发生着变化，为了更好地融入市场，持续培育竞争优势，企业必须建立一套与外部环境相适应的内部制度，从而降低交易成本，保证资源的配置效率。企业内部制度设计中最重要的就是组织内部权力结构的设计与划分，即企业应当如何变革内部组织权力结构以适应经营环境的变化。更深层地看组织内部制度设计，随着组织权力结构的变革，企业的一系列管理实践也会随之发生相应的转变。其中，会计信息系统的设计更是需要适应这种由外在压力而催生的组织权力结构变革，如在经营环境不确定性较大的情境下，下级经营业务单元会从上级经营单位获得更多的会计权力配置（Indjejikian 和 Matějka，2006，2012；邓博夫等，2016）。根据 Indjejikian 和 Matějka（2012）的理论，作为当前较为流行的会计定义，信息系统观对于会计的诠释并不完备，其忽略了会计实则也可以被解释为一种企业内部的权力分配机制，这种权力分配机制根植于财务信息的占有和获取的权力，其关键在于不同层级的会计信息系统设计应当服务的重心，或者下级经营业务单元拥有多大程度的设计与运营会计信息系统的自主权力，即会计分权（Accounting Decentralization）。具体而言，如当前普遍存在的集团内财务共享服务中心，其目标就是要建立一个自上而下的统一会计核算和报告信息系统。进一步而言，财务共享服务中心的设立并非是要打破会计主体假定，而是将传统的会计核算和报告工作收归并统一到企业的最高层级，从而精简会计核算人员，厘清财务程序，从而达到降低财务成本的目标（何瑛和周访，2013）。在这种情况下，服务于下级经营业务单元的会计人员（或财务人员）就必然面对自身工作重心转变的挑战：为了帮助经营业务单元更有效率地分配资源，服务于经营业务单元的会计人员就必须将工作重心从服务于上级经营单位控制转型为服务于经营业务单元管理决策，相应地其工作内容也必然从财务核算转向为管理服务的管理会计工作。回到会计人员本身的角色来讲，会计主要面对的是纷繁复杂的数据工作，媒体和公众对会计存在一定的偏见，认为会计工作枯燥乏味，甚至戏称会计师为"数豆子的人"，而忽视了会计的价值创造能力（张连起，2001；Friedman and Lyne，1997，2001；Smith and Briggs，1999）。这甚至引起了学术界对于管理会计技术和方法本身的质疑，如 Johnson 和 Kaplan（1987）就认为管理会计技术和方法的陈旧已与实际管理工作脱节，管理会计工作失去了相关性。20 世纪末至 21 世纪初，会计师的"商业合伙人"新角色引起了管理学界和实务界广泛的探讨和肯定（Warren 等，2009）。所谓"商业合伙人"就是指会计师在组织经营管理中应以管理为导向，将工作的重心由传统的信息收集向主动为管理决策提供信息支持转变。"商业合伙人"的新角色不仅是当前会计界对于重塑管理会计师角色的一个共同愿景，也是当前整个会计行业对于提升会计地位和水平从而为企业创造更多价值的期望。比如，作为我国会计工作顶层设计单位，财政部就于2014年10月发布了《关于全面推进管理会计体系建设的指导意见》，并相应发布了一系列指引，旨在帮助我国会计行业更好地发展管理会计，会计从业人员更好地理解管理会计，从而帮助企业更好地分配资源，创造价值。实务工作方面，我国当前也出现了"业财融合"等概念，强调前端会计人员必须充分掌握企业的业务特征，实现会计与业务的协同与融合，更好地服务于企业的实际经营管理。

通过以上分析可知，会计人员的这种角色转变不可能外生于企业的实际需求，研究会计师在企业内部经营管理中的角色，不可孤立于组织内部权力分配情况，特别是会计信息系统设计的情况。基于此，本书通过问卷调查的方法，从经营环境不确定性所催生的企业内部会计分权的角度，观察会计师工作重心的转变，从而帮助我们更好地理解管理会计师角色如何内生于企业内在需求。

本章的研究贡献可能在于以下两个方面：一方面，从理论和文献积累来看，本书将 Indjejikian 和 Matějka（2012）所研究的会计分权经济后果扩展到会计人员身份特征这一层面。另一方面，从现实意义来讲，本书从经营环境不确定性和企业会计权力配置的角度展现了我国会计人员的工作重心是如何受到外部因素的驱动逐渐发生转变的，对企业会计人员管理工作转型升级具有一定的指导意义。

本章剩余部分安排如下：第二部分是理论分析并提出本章的研究假设；第三部分为本书的研究设计，构筑结构方程模型，介绍论文问卷设计、发放与回收情况；第三部分报告并分析本书实证研究的结果；第四部分是本章的研究结论。

5.1 理论分析与研究假设

向掌握更多经营信息的下级经营业务单元授权从而提高决策效率是分权管理的核心。会计分权的内在逻辑就在于通过赋予下级经营业务单元更多的设计和运营会计信息系统的权力，建立一套以下级经营业务单元为中心的会计信息系统，从而为企业的管理决策提供更多与决策相关的会计信息（邓博夫等，2016）。值得说明的是，从 Indjejikian 和 Matějka（2012）具体度量会计分权的各维度可知，其所定义的会计权力包括经营业务单元在多大程度上自主决定制造费用和销售成本的分配，以及内部转移定价等，基本上与管理会计相关。因此，本书所指的会计分权并不与当前企业普遍所建立的财务共享服务中心相互矛盾，后者主要将与会计核算相关的权力向上收归，正是由于后者的存在将经营业务单元的会计人员从传统的财务核算业务中解放出来，给予了会计人员将工作重心向服务于管理决策转变的可能。

也正如引言所述，无论是会计人员的这种角色转变，还是企业的会计权力配置模式均内生于企业的实际需求，而企业组织形式以及管理实践发生变革不仅要受企业内部因素的影响，还受到外部因素的催生，其中经营环境不确定性是最为重要的外部影响因素之一（Baines and Langfield – Smith，2003）。以往研究普遍基于管理权变理论（Contingency Theory）解释这种由经营环境不确定性等外部因素对于企业管理实践变革的影响。所谓权变理论是指每个组织的外在环境条件、内在要素以及进入市场的禀赋都各不相同，在管理实践过程中并不存在普遍适用的管理方法，企业的管理决策应该在综合考虑企业外部环境以及内部资源的前提下随机应变。（Anthony，1965；O'Connor 等，2004）。基于权变理论，以往研究均表明，随着经营环境不确定性的增加，上级单位越发难以掌握下级经营业务单元经营的完备信息，为了提升管理效率，企业一般会采取分权管理的模式（Baines and Langfield - Smith，2003；Indjejikian and Matějka，2012；邓博夫等，2016）。

因此，回到服务于经营业务单元的会计人员的工作来讲：一方面，随着经营环境不确定性的增加，上级经营业务单元逐渐将会计权力配置给下级经营业务单元，这种权力的下放赋予了会计人员更大的管理会计自主权力，正是由于这种自上而下的会计权力下放迫使服务于经营业务单元的会计人员必须通过更好地收集和掌握与管理相关的信息，从而更好地履行自身的这种自主权力；另一方面，也正是由于经营环境不确定性的增加，服务于经营业务单元的会计人员需要适应并提供更具经营决策相关性的会计信息，因此也迫使其需要更好地收集和掌握与管理相关的信息。再从会计信息系统本身的两大功能来讲：高度集权的会计信息系统，更多地履行控制职能，满足上级单位对于下级单位的约束需求，监督经营业务单元的受托责任，而分权的会计信息系统更适用于有较多经营自主权的经营业务单元，为提供更多的与决策相关的会计信息服务，帮助经营业务单元更好地分配资源，创造价值。

研究假设 1：随着经营环境不确定性的增加，上级单位会赋予下级经营业务单元更多与管理会计相关的自主权力，从而迫使会计师更多地收集和掌握与管理相关的信息。

在研究假设 1 成立的条件下，获得更多会计自主权力，并更多地收集和掌握与管理相关信息的会计人员必将更多地从事与管理会计相关的工作，对收集和掌握的与管理相关的信息进行加工和重构，从而帮助下级经营业务单元更高效地分配和使用资源，甚至直接参与下级经营业务单元的管理决策中去。换而言之，会计分权的存在迫使会计人员的会计工作必须以服务管理决策为导向，会计师的角色更具有管理会计师的特征。Jarvenpaa（2007）将管理会计的管理导向定义为，对于企业管理决策与控制提供增量价值的意愿和能力。顾名思义，以管理为导向的会计师其实就是指管理会计师或者从事管理会计的人员。

会计师的工作重心如何从被动地提供会计信息向主动地提供管理决策支持信息转变？导致这种转变的原因是什么？以往研究已经做出了较多的讨论，如新管理会计技术的引入（Friedman and Lyne，1997；Vaivio，1999）、信息技术的引入（Caglio，2003；Scapens and Jazayeri，2003；Dechow and Mouritsen，2005；Jack and Kholeif，2008；Granlund and Malmi，2009）、组织内部管理方式的转变（Granlund and Lukka，1997）以及社会公众文化中管理会计师形象的转变（Burns and Scapens，2000；Burns and Baldvinsdottir，2005；Burns 等，2009）。然而，从管理会计师自身来讲，Hopper（1980）认为，管理会计师的角色除了受到对自身会计角色认识不清的影响，还要受作用于组织分权管理模式。Jarvenpaa（2007）提及了组织的去中心管理对管理会计师角色转变的影响，但并未给出相应的理论解释与实证检验。Goretzki 等（2013）也认为组织内部各种制度共同影响着管理会计师角色的转变，其中，分权化的组织管理模式发挥着重要的作用。

本书所探讨的会计师角色转变，其本质就是一种工作重心的转变，这种工作重心转变体现在会计师的工作更多地由传统的财务核算调整到管理会计工作，从而为经营业务单元管理工作服务（Pierce，2007；Coad and Herbert，2009；Fauré and Rouleau，2011）。会计师更好地服务于经营业务单元的管理决策，甚至直接参与到经营管理决策中的必要条件是会计师本身必须为管理决策提供具有增量价值的信息，这客观要求会计师通过管理会计方法和程序对搜集和掌握与管理相关的信息进行加工和重构。再从会计实践来看，会计师要真正实现服务于经营业务单元的管理决策，也必须通过管理会计方法和程序对收集和掌握的与管理相关的信息进行加工和重构，如编制项目预算表、提供成本核算与控制信息，帮助进行业绩评价等。

研究假设2：随着会计师更多地收集和掌握与管理相关的信息，会计师将更多地从事与管理会计相关的工作活动，从而更好地服务于企业的经营管理决策。

5.2 研究设计

5.2.1 结构方程建模

本书通过构建结构方程模型对上述假设进行了检验。本书的潜变量包括经营环境不确定性（Environmental Uncertainty）、会计分权（Accounting Decentralization）、管理信息搜集和掌握（Information）、管理会计工作开展程度（Management Accounting）和管理决策参与程度（Management Decision）。如图 5.1 所示，图中每一条路径，都有一个路径系数，如 $\beta 1$ 代表着经营环境不确定性与会计分权之间的相关性。研究假设 1 成立的条件为 $\beta 1$ 和 $\beta 2$ 均显著为正，否则研究假设 1 则不成立。此外，如果经营环境不确定性与会计师收集和掌握管理相关的信息存在直接效应，即经营环境不确定性的增加除通过会计分权作用于会计师搜集和掌握与管理相关的信息之外，还会直接作用于后者，则 $\beta 4$ 显著为正。

本书在结构方程模型中加入了管理会计工作开展程度和管理决策参与程度以检验假设 H2。研究假设 2 成立的条件为 $\beta 5$ 和 $\beta 7$ 均显著为正，否则研究假设 2 不成立。此外，如果 $\beta 3$ 显著为正，则说明会计分权会促使服务于下级经营业务单元的会计师自主开展管理会计工作；$\beta 6$ 显著为正，则说明会计师更好地收集和掌握与管理相关的信息将会直接提升会计师管理决策参与程度。

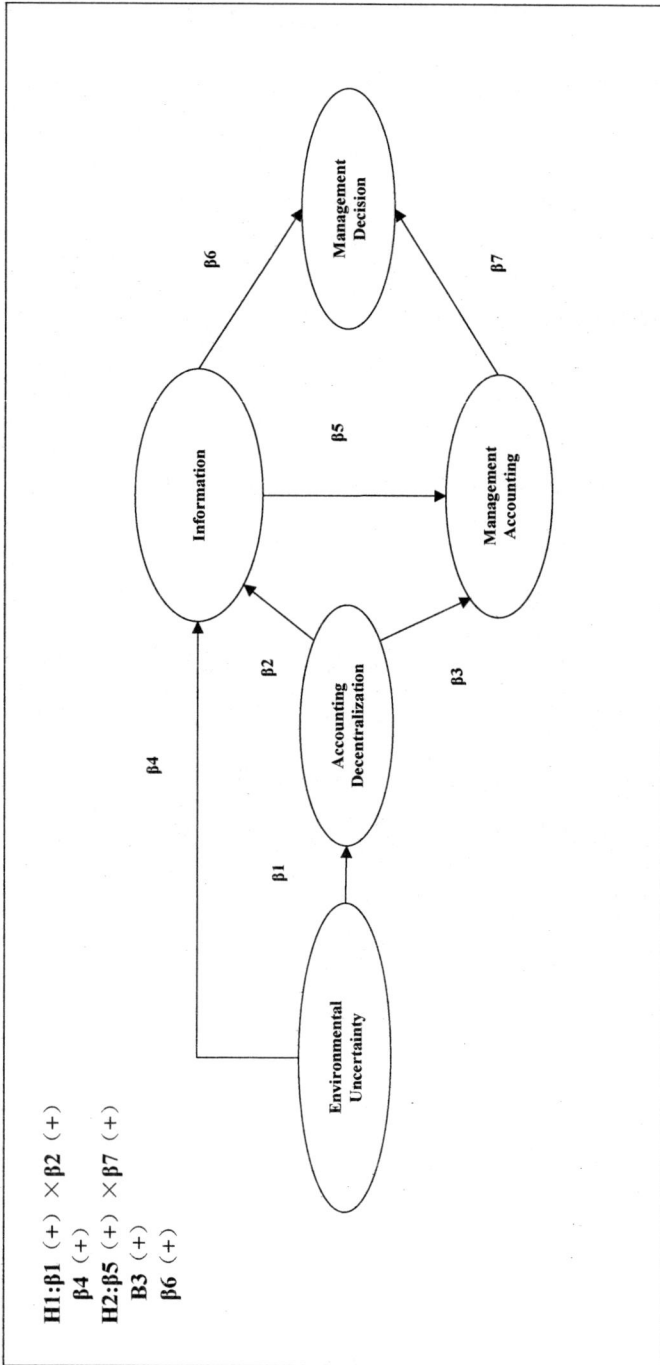

图 5.1　会计分权与会计师角色结构方程理论模型

5.5.2　问卷设计

如表 5.1 所示，本书参考以往研究，设计了 6 分制 Likert 量表，对每个潜变量设计了多个题项共同度量。[①] 本书研究的重点为探讨会计师的角色如何将工作重心从服务于上级经营单位控制转型为服务于经营业务单元管理决策，简而言之会计工作更加倾向于以管理为导向，或者会计工作更加偏向于管理会计。以往关于管理会计师角色研究的文献普遍以理论研究或实地案例研究为主（Hopper，1980；Jarvenpaa，2007；Goretzki 等，2013），也有少量研究开始通过问卷调查检验会计师的角色问题（Malmi and Granlund，2009；Loo 等，2010）。从以往对于管理会计师或管理会计工作的问卷研究来看：Malmi and Granlund（2009）重点关注在企业经营管理过程中，各类管理会计工作发挥的作用；而 Loo 等（2010）的研究重点在于通过量表区分和量化不同类别的管理会计活动，以分析管理会计师在组织经营管理决策中的参与程度。基于此，本书参考 Loo 等（2010）利用会计师管理信息收集和掌握（Information）、管理会计工作开展程度（Management Accounting）和管理决策参与程度（Management Decision）三个维度立体地刻画会计师的工作是如何由传统的财务核算调整到管理会计工作。

---

① 传统的调查问卷一般采用 5 点或 7 点计分制。但是，奉行儒家文化的东亚国家，如中国、日本等，崇尚中庸之道，如果采用西方国家问卷调查普遍使用的奇数 Likert 量表，则东亚国家的被调查者倾向于选择位于中间的数值（刘海建和陈传明，2007）。基于这点考虑，国内不少学者采用偶数 Likert 量表进行问卷调查，如陈永霞等（2006）、刘海建和陈传明（2007）均采用 6 点 Likert 量表。目的是让被调查者能够在 3 与 4 之间做出较为明确的心理判断，提高研究数据的质量。

同时，本书参考 Chenhall and Morris（1986）、Baines and Lang-field - Smith（2003）以及 Indjejikian and Matějka（2012）设计了经营环境不确定性的度量变量。Indjejikian and Matějka（2012）将会计分权定义为，财务信息的占有和获取的权力，其关键在于不同层级的会计信息系统设计应当服务的重心，或者上级单位赋予下级经营业务单元多大程度上设置和建立会计信息系统的权力。本书参考其设置了相应的维度以共同度量上下级单位之间的会计权力配置方式，即上级单位向下级经营业务单元的会计分权程度。

为了保证问卷设计的科学性和合理性，我们邀请了管理会计和问卷调查相关领域的学者对问卷设计进行反复讨论并改进。此外，我们对问卷的总体长度进行了控制，问卷调查对象可在 30 分钟左右完成问卷填写。

5.5.3　问卷调查发放情况

我们在 2013 年 10 月初至 2013 年 11 月底组织了问卷的发放与回收，总计发放调查问卷 305 份，回收 257 份，删除了存在明显填答不认真等情况的问卷以及填答不完整的问卷，最终获得有效调查样本 214 份，问卷的实际回收率为 70.2%。

问卷调查对象的人员结构如下：性别结构方面，男性人员 89 名，女性人员 125 名；职位结构方面，企业内部高层会计管理人员（总、分、子公司财务主管）58 名、中层会计管理人员（会计相关部门主管，如预算控制部门主管和成本核算部门主管）57 名以及基层会计人员 97 名；工作年限结构方面，被调查人员平均工作年限11.0 年，在当前职务任职平均年限为 8.2 年。以上数据说明，本书的被调查对象不仅具有专业的会计知识，而且也具备丰富的管理经验，可以保证问卷调查的质量。

5.3 实证结果分析

5.3.1 问卷调查的因子分析

本书通过主成分因子分析检验了问卷设计的理论一致性，结果如表 5.1 所示，经营环境不确定性、会计分权、管理信息收集和掌握、管理会计工作开展程度、管理决策参与程度的 Cronbach α 系数（Eigen – value）分别为 0.887（3.9）、0.943（5.2）、0.792（2.7）、0.950（5.8）和 0.940（5.2），说明量表具有较高的信度。[①] 各潜变量的取样足够度 KMO 值分别为 0.885、0.842、0.808、0.921 和 0.902，说明本书量表结果适合做因子分析。[②] 上述指标表明，本书针对各个变量所设置的题项符合其内在的经济意义和理论，适合作为潜变量的显变量放入结构方程中。

---

① Cronbach α 指所有可能的项目划分方法得到的折半信度系数的平均值，是最常用的信度测量方法。通常 Cronbach α 系数的值在 0 和 1 之间。如果系数不超过 0.6，一般认为内部一致信度不足；达到 0.7～0.8 时表示量表具有相当的信度；达 0.8－0.9 时说明量表信度非常好。

② KMO（Kaiser – Meyer – Olkin）检验统计量是用于比较变量间简单相关系数和偏相关系数的指标。Kaiser 给出了常用的 KMO 度量标准：0.9 以上表示非常适合；0.8 表示适合；0.7 表示一般；0.6 以下表示不太适合；0.5 以下表示极不适合。

表 5.1　本文主要变量因子分析结果

		Environmental Uncertainty	Accounting Decentralization
	经营环境不确定性		
H1	贵企业的客户需求与偏好经常发生变化	0.8478	
H2	贵企业的原材料采购价格经常发生变化	0.7545	
H3	贵企业所处行业竞争对手对市场发生的变化反应迅速	0.8649	
H4	本行业的生产技术升级换代快速	0.7746	
H5	本行业所面临的未来经济形势复杂多变	0.7998	
H6	贵企业产品在国际市场上的需求量和价格经常发生变化	0.8512	
	Cronbach α = 0.887；KMO = 0.885；Bartlett: Chi – square = 655.4，Degree of Freedom = 24；Eigenvalue = 3.9		
	会计分权		
B12	自主决定如何分配制造费用		0.808
B13	自主决定如何分配销售成本		0.813
B14	自主决定企业内部转移定价		0.855
B15	自主决定资本化或费用化支出		0.897

续表

	会计分权	Accounting Decentralization	Information
B16	自主决定存货估值	0.870	
Cronbach α = 0.943；KMO = 0.842；Bartlett：Chi – square = 1305.1，Degree of Freedom = 21；Eigenvalue = 5.2			
	管理信息搜集和掌握		
C1	我的工作需要和所在部门经理或者其他上级领导充分沟通以了解他们的需求		0.7452
C2	我（其他会计主管）经常了解公司日常经营管理的决策		0.7066
C3	我的工作富有较强的挑战性，不仅需要运用我的专业知识，而且需要我充分了解公司其他部门的运营状况		0.8269
C4	我与我的会计部门经常需要与其他部门合作完成某项任务		0.7063
C5	我必须充分收集市场行业信息，同时了解本公司发展战略及当期运营状况		0.7276
Cronbach α 系数 = 0.792；KMO = 0.808；Bartlett：Chi – square = 290.6，Degree of Freedom = 10；Eigenvalue = 2.7			

续表

	管理会计工作开展程度	Management Accounting
C23	经常编制回顾性报告	0.7536
C24	参与公司内部控制系统设计	0.7964
C25	为第三方提供必要信息	0.7978
C26	我的工作较大地支持了本公司高层管理者的工作	0.8220
C27	我的工作对工作会计信息系统有较大影响	0.7975
C28	我的工作可以充分支持公司内部变革	0.8155
C29	我需要为管理层特定的需求准备报告	0.8499
C30	我需要通过内部控制保护公司资产	0.8292
C31	我需要与公司上下级充分交流信息	0.8723
C32	我需要用规范的财务程序处理公司财务信息	0.8221
C33	我需要时常分析公司业绩的影响因素	0.8041
C34	我在公司或者部门内部领导了部分工作	0.7562

Cronbach α 系数 = 0.950; KMO = 0.921; Bartlett: Chi - square = 2183.2, Degree of Freedom = 66; Eigenvalue = 5.8

续表

	管理决策参与程度	Management Decision
C14	战略制定	0.8599
C15	新产品发布	0.8582
C16	过时产品退出市场的讨论	0.5683
C17	公司资源分配	0.8427
C18	财务决策	0.7477
C19	市场决策	0.9398
C20	生产决策	0.9224
C21	人事决策	0.8389
C22	资本预算决策	0.8376

Cronbach α系数=0.940；KMO=0.902；Bartlett：Chi-square=1864.9，Degree of Freedom=36；Eigenvalue=5.2

5.3.2 相关性分析

如表 5.2 所示, 对以上部分因子分析得到的因子进行相关性分析显示: 首先, 经营环境不确定性与会计分权在 1% 水平上显著正相关, 同时会计分权与管理信息收集和掌握也在 1% 水平上显著正相关, 这说明研究假设 1 初步成立。其次, 管理信息收集和掌握与管理会计工作开展程度在 1% 水平上显著正相关, 同时管理会计工作开展程度与管理决策参与程度也在 1% 水平上显著正相关, 这说明研究假设 2 初步成立。最后, 管理信息收集和掌握与管理决策参与程度在 1% 水平上显著正相关, 这暗示管理信息收集和掌握对于管理决策参与程度的作用机制除通过更多地开展管理会计活动, 还可能存在一种直接效应。当然更稳健的结论还有赖于结构方程分析。

表 5.2 变量相关性分析

	Environmental Uncertainty	Accounting Decentralization	Information	Management Accounting	Management Decision
Environmental Uncertainty	1				
Accounting De-centralization	0.181 ***	1			
Information	0.126 *	0.397 ***	1		
Management Ac-counting	0.069	0.184 ***	0.538 ***	1	
Management De-cision	0.148 **	0.227 ***	0.304 ***	0.625 ***	1

注: t statistics in brackets $* \ p < 0.1$, $* * \ p < 0.05$, $* * * \ p < 0.01$

5.3.3 结构方程结果分析

如表5.3所示，模型（1）和模型（2）分别为原模型和修正后的最终模型的结构方程模型回归结果，模型（2）是在模型（1）的基础上删除了不显著的路径系数后的回归结果，因此图5.2为修正后得到的最终模型。根据表5.3提供的最终模型估计结果，路径系数 $\beta1$ 为 0.308，在 1% 的水平上显著为正；路径相关系数 $\beta2$ 为 0.189，也在 1% 的水平上显著为正，以上结果不仅验证了 Indjejikian 和 Matějka（2012）的观点，即会计分权的程度受到企业的外部环境的影响（如市场竞争程度等），也说明随着经营环境不确定性的增加，上级单位会将更多的会计信息系统设计与运营的权力下放给下级经营业务单元，从而迫使会计师更多地收集和掌握与管理相关的信息。基于此，研究假设 1 成立。结构方程模型估计结果还显示，路径系数 $\beta4$ 为 0.109，且在 5% 的水平上显著。结合以上结果，不难发现经营环境不确定性对于会计师的管理信息收集和掌握既存在通过会计分权的间接效应，也存在直接效应，综合效应系数为 0.167（ 0.109 + 0.308 × 0.189）。之所以存在这样的结果，可能的原因就如本书理论分析所述，一方面随着经营环境不确定性的增加，上级经营业务单元逐渐将会计权力配置给下级经营业务单元，这种权力的下放赋予了会计人员更大的管理会计自主权力，正是由于这种自上而下的会计权力下放迫使服务于经营业务单元的会计人员必须通过更好地收集和掌握与管理相关的信息，从而更好地履行自身的这种自主权力；另一方面，也正是由于经营环境不确定性的增加，服务于经营业务单元的会计人员需要适应并提供更具经营决策相关性的会计信息，因此也迫使其需要更好地搜集和掌握与管理相关的信息。

表 5.3　结构方程模型估计结果

		（1）原模型	（2）最终模型
Accounting Decentralization			
Environmental Uncertainty	β_1	0. 304 ***	0. 308 ***
		（2. 77）	（2. 77）
Information			
Environmental Uncertainty	β_4	0. 114 **	0. 109 **
		（1. 97）	（2. 01）
Accounting Decentralization	β_2	0. 187 ***	0. 189 ***
		（4. 62）	（4. 61）
Management Accounting			
Accounting Decentralization	β_3	0. 097 *	0. 087 *
		（1. 71）	（1. 81）
Information	β_5	0. 850 ***	0. 823 ***
		（5. 00）	（5. 16）
Management Decision			
Information	β_6	0. 329	
		（1. 08）	
Management Accounting	β_7	0. 475 ***	0. 500 ***
		（4. 66）	（5. 00）
SEM Estimation Test			
X^2		190. 35	194. 56
Degree of Freedom		83	84
P – value		0. 000	0. 000
RMSEA		0. 078	0. 078

续表

		（1）原模型	（2）最终模型
SEM Estimation Test			
SRMR		0.074	0.084
TLI		0.938	0.937
CFI		0.951	0.949
AIC		9933.50	9935.71
BIC		10108.77	10107.61

注：t statistics in brackets $* p < 0.1$，$* * p < 0.05$，$* * * p < 0.01$

从结构方程模型估计结果可知，路径系数 $\beta 5$ 和 $\beta 7$ 均为正，且均在1%的水平上显著，这说明研究假设2成立。值得关注的是，如图5.2所示：一方面，会计分权赋予了服务于经营业务单元的会计师更大的会计自主权力，这迫使会计师更好地收集和掌握与管理相关的信息，进而提升管理会计工作实践水平；另一方面，这种自上而下的会计权力分配本身更多地体现在管理会计相关权力的分配，因此服务于下级经营业务单元的会计师也必须更好地自主开展管理会计工作，模型中体现在 $\beta 3$ 为正，且在10%的水平上显著。

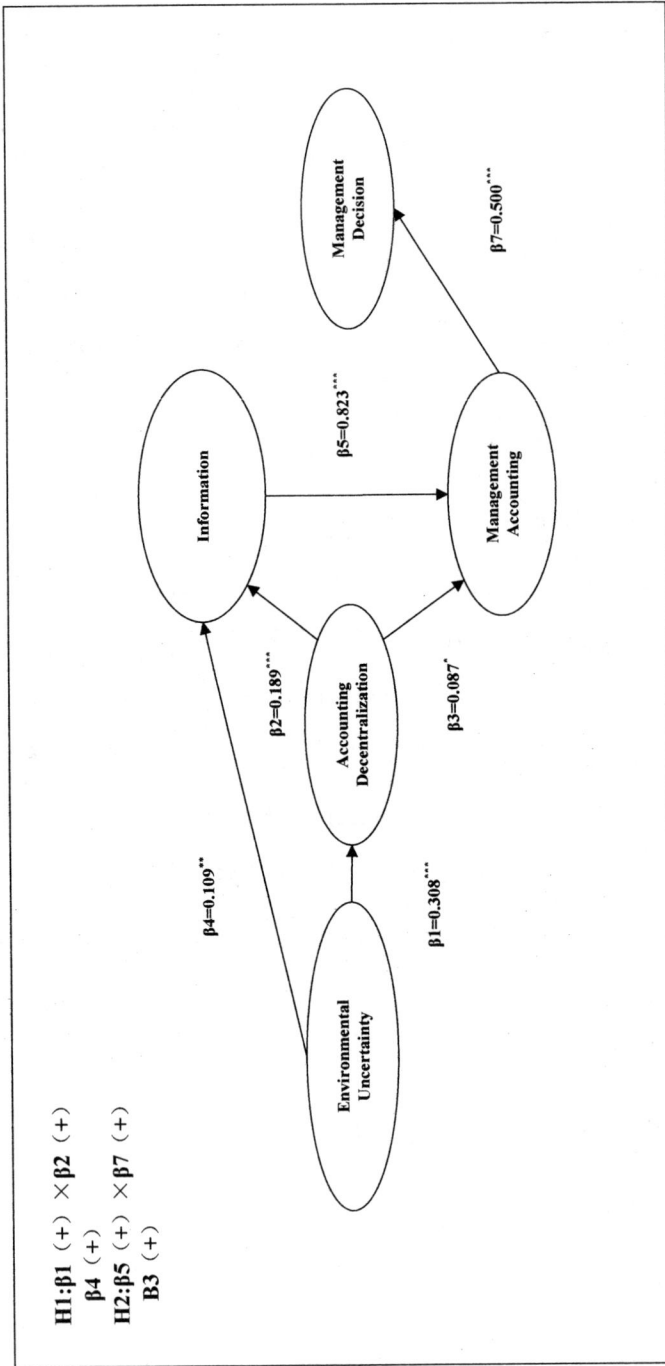

图 5.2　最终模型

5.4 研究结论

回顾我国会计发展的历史，其实也是一部我国会计人员在企业经营管理中角色转变的历史。自改革开放以来，我国的会计发展历经多次改革，特别是近年来，随着财务会计准则与国际趋同，会计人员的工作重心也渐渐地向内发展，逐渐转移到管理会计上来。

然而，值得关注的是，即使管理会计可以帮助企业创造价值，但是并非所有的企业都拥有足够的资源成立专门的管理会计部门，雇用专门的人员，更普遍的情况是，在外力的作用下，会计人员在管理经营实践中逐渐从传统的财务核算工作转向以管理为导向的管理会计工作。因此，在研究会计人员的这种角色转变这一命题时，在考虑除财政部在制度设计和引导等顶层设计方面的影响之外，我们还不可忽视，会计师在企业内部的地位和角色转变是由企业自身的需求推动，这种需求是由企业经营环境所决定的。本章通过问卷调查研究了会计师角色如何实现将工作的重心从传统的服务于上级单位的控制目标转变到服务于经营业务单元的管理决策目标，即不同的情景环境下，会计分权对会计师在经营管理中角色的影响。研究发现，随着经营环境不确定性的增加，上级单位会增加下级经营业务单元会计信息系统设计与运营的自主权力，由此服务于经营业务单元的会计师将大大增强对经营业务单元管理信息收集和掌握的程度，将会计师的工作由传统的财务核算调整到管理会计工作，从而为经营业务单元的管理决策服务。

6. 情境因素、会计分权与管理
会计信息决策有用性

O' Connor et al. （2006）指出，在大量市场化机制引入的背景下，我国国有企业为了生存与发展也不得不进行一系列旨在提升生产效率、创新及服务水平的内部改革。在这一系列改革进程中，是否成功地借鉴西方企业的微观组织形式被认为是决定国有企业成败的关键因素（Qian，1996；Shirley and Xu，2001）。其中，组织形式中最为关键的问题就是上下级单位之间的经营决策权力的分配问题，即经营分权。所谓经营分权（Operational Decentralization）是指，随着企业规模扩大，去中心化管理模式渐成趋势，企业会将经营管理决策的权力分散到不同的责任中心。近年来，越来越多的研究试图打开企业的黑箱，聚焦于企业内部经营决策权力是如何分配的（Graham et al.，2015）。随着研究的深入，根据 Indjejikian and Matějka（2012）的理论，我们认识到分权管理模式下，会计不只是一个信息系统，也是企业内部的一种权力机制，实际上将会计信息系统视作企业内部的一种权力配置模式，其与经营决策权力一样同属于上下级单位之间可分配的一种权力。会计信息系统的建立和运营权力的分配即会计分权（Accounting Decentralization）。分权管理的内在逻辑在于通过向更了解经营信息的下级授权以提升决策效率，会计分权就是要尽可能以下级单位为中心建立会计信息系统，从而为经营业务单元决策提供更加有用的会计信息。管理会计的本质是资源分配，管理会计系统包含三大子系统：预算系统计划分配资源，成本控制系统利用转化资源，业绩评价系统监督保护资源。会计分权作为企业内部的一种权力格局，其本质也就是权力资源的一种分配制度，不同程度的分权模式对应的就是不同的资源分配方式。因此，研究会计分权的经济后果，必须以管理会计信息系统受到的影响作为落脚点（Indjejikian and Matějka，2012）。此外，以往文献也表明，无论是探讨国有企业内部权力的配置，还是国有企业管理会计信息系统的构建，都不可忽视政府所扮演的角色（Brainine，1996；Peng and Heath，1996；O'Connor et al.，2004；O'Connor et al.，2006）。那么，在国有企业中，随着经营决策的分权，是否同样存在会计分权？会计分权又是否可以改善管理会计信息的决策有用性呢？同时，政府在国有企业会计分权以及管理会计信息系统的建设中又起到什么作用呢？为了回答以上问题，本书拟通过问卷调查探索政府干预与国有企业中会计权力的配置以及管理会计信息决策有用性之间的关系。

本章的研究贡献可能在于以下两个方面：一方面，从理论和文献积累来看，本书将 Indjejikian 和 Matějka（2012）所研究的会计分权经济后果扩展到管理会计信息决策有用性这一层面，这既可以帮助我们更好地理解，又可以帮助我们更好地理解管理会计信息决策有用性的影响因素，因而也就补充了管理会计信息决策有用性相关的文献（Chenhall and Morris，1986；Mia and Clarke，1999）。另一方面，从现实意义来讲，本书从经营环境不确定性和企业会计权力配置的角度展现了我国国有企业管理会计信息的影响因素，为我国国有企业管理会计信息系统的制度设计也就提供了一定的参考。

本章剩余部分安排如下：第二部分是理论分析并提出本章的研究假设；第三部分为本书的研究设计，构筑结构方程模型，介绍论文问卷设计、发放与回收情况；第三部分报告并分析本书实证研究的结果；第四部分是本章的研究结论。

6.1 理论分析与研究假设

Mia and Clarke（1999）研究了市场竞争程度与管理会计信息之间的关系，研究发现市场竞争越激烈，管理层对于管理会计信息的需求就越大。Chenhall and Morris（1986）指出，会计信息系统的设计与组织经营决策权力的配置都必须与经营业务单元的外部环境特征相互匹配。他们研究发现，随着企业上级单位对于经营业务单元分权程度的提高（这里分权程度就是指经营决策分权），管理会计信息的决策有用性也会相应地增加。一般认为，经营业务单元管理层在其自身所处的市场中具有较大的信息优势。当信息传递的成本较高时，组织就会将市场、经营和投资等经营决策权力分散给下级管理层，分权管理模式更有利于企业提升效率和业绩。其实，随着市场竞争程度的增加，上级单位在将经营决策权力下放给经营业务单元的同时，上级单位充分掌握经营业务单元信息的成本也越来越高，建立自上而下统一的会计信息系统的难度和成本也将越来越高。若要帮助经营业务单元管理层更好地决策，会计权力也不得不随之匹配给经营业务单元（Indjejikian and Matějka，2012）。因此，随着市场竞争程度的增加，上级单位更有可能将经营决策权力和会计决策权力下放给经营业务单元。在这种去中心化的会计管理模式下，经营业务单元会计人员更有可能以下级经营业务单元为中心设计并建立管理会计信息系统，其所提供的管理会计信息对于经营业务单元管理层的决策有用性也会增加。对于国有企业来讲，市场竞争同样可能会成为逼迫企业内部进行分权管理的外生因素，即随着国有企业面临的市场竞争程度的增加，国有企业内部越可能进行分权管理。基于此，提出本书的研究假设1。

研究假设1：随着市场竞争程度的增加，上级单位会赋予下级经营业务单元更多的经营自主权力，并匹配相应的会计权力，从而增加管理会计信息决策有用性。

政府干预作为司法体系的替代机制，对企业生产经营具有重要影响（孙铮等，2005）。以往文献分别从公司治理（夏立军和方轶强，2005）、投资行为（程仲鸣等，2009）等角度研究了政府干预对于国有企业的影响。仅从权力配置的格局来讲，长期以来政府对国有企业的父爱主义从来没有消失过。国有企业表面上是独立的法人，但也必然受到政府管制。国有企业领导人大部分并非职业经理人，而是由上级管理机关如国资委直接委派。实际上，政府对于企业的干预强调的就是控制，这种控制与分权管理模式是相互矛盾的。原因在于，政府对于国有企业的经营诉求并非只是赢利，更多的是需要企业完成一系列的社会目标，如解决辖区内的就业、履行社会责任等。这些社会目标与企业本身的逐利性目标存在一定的冲突，且分权管理并不适于国有企业充分达成社会目标。O'Connor et al. (2006) 也指出，研究中国国有企业的分权管理模式，不可忽视政府干预对于企业内部权力配置的影响。他们认为，国有企业中党代表如党委书记等主要职责之一就是掌控人事安排，因而关于经营业务单元的经理人选择可能并非完全出于利润动机，而更多是出于政治动机。他们通过问卷调查发现，政府对于国有企业的人事干预会降低企业内部经营决策的分权程度。同时，以往研究也表明，政治干预会降低国有企业管理层通过使用客观业绩评价指标以及激励计划从而提升组织效率的意愿（Brainine，1996；Peng and Heath，1996），这也客观说明受到政府人事干预越强的国有企业，旨在提升经营管理效率的分权模式以及管理方法可能更难实现。本书认为，政府对于国有企业的人事干预不仅影响到经营决策权力的分配，而且根据研究假设1，其也会通过约束经营决策分权间接降低会计分权程度，从而降低管理会计信息的决策有用性。基于此，提出本书研究假设2。

研究假设2：政府对国有企业的人事安排的干预会通过降低经营分权进一步约束会计分权，从而削弱管理会计信息的决策有用性，即政府干预的约束效应。

然而，不可忽视的是，中国政府对于企业的干预还表现在我国政府长期以来积极地推动管理会计理论与实践的发展，进而帮助企业提升管理水平及效率（Chow et al.，2006）。例如，为推广"邯钢经验"，1996 年，国务院就专门发文要求全国企业学习邯钢经验；为推广责任会计，在财政部1995 年印发的《会计改革与发展纲要》

中专门提出要建立以责任会计为主要形式的企业会计管理体系；为推动预算管理，财政部先后于 2001 年和 2002 年发布了《企业国有资本与财务管理暂行办法》和《关于企业实行财务预算管理的指导意见》；为推动成本管理，财政部于 2013 年专门制定了《企业产品成本核算制度（试行）》，并要求在除金融保险业以外的大中型国有企业范围内施行；为推动管理会计体系建设，财政部于 2014 年正式发布《关于全面推进管理会计体系建设的指导意见》，该意见在分析了重要性和紧迫性的基础上，分别从理论体系、指引体系、人才队伍和信息系统建设等四个方面提出了具体的任务和措施；等等。政府明确、有力的政策导向促进了相关管理会计理论和方法的广泛应用，以及示范性、样板性案例的形成。同时，对于国有企业来讲，政府所扮演的角色不仅仅是出资人，政府同时还扮演企业经营管理的指导者，如发布与企业经营管理相关的指导性意见，要求国有企业提升管理水平。政府的这种经营管理指导者角色会倒逼企业管理水平的提升。综上，我国政府对于管理会计理论与实践存在着积极的一面，这既存在于我国政府通过对管理会计理论、方法和技术的推广，也存在于政府通过行政干预倒逼国有企业改进管理水平。因此，除约束效应以外，政府干预对于提高管理会计信息决策有用性也具有直接积极的作用，即推动效应。基于此，提出本书研究假设 3。

研究假设 3：政府对于管理会计理论与实践的推动会直接提升管理会计信息决策有用性，即政府干预的推动效应。

6.2　研究设计

6.2.1　结构方程建模

为了检验本书的研究假设，本书设计了结构方程模型，如图6.1所示。图中每一个椭圆代表一个潜变量，包括市场竞争（Competition）、经营分权（Operational Decentralization）、会计分权（Accounting Decentralization）以及管理会计信息决策有用性（Decision Usefulness）。图中每一条路径，都有一个路径系数，如 $\beta6$ 代表着市场竞争与组织经营分权之间的相关性。如果研究假设1成立，则路径系数 $\beta6$、$\beta2$ 和 $\beta1$ 都将显著为正。

为了验证本书的假设2，本书在结构方程模型中加入了潜变量政府干预的约束效应（Political Constraints）和其指向经营分权的路径，相应的路径系数为 $\beta3$。如果研究假设2成立，则路径系数 $\beta3$ 将显著为负，且同时 $\beta1$ 和 $\beta2$ 显著为正，即由政府干预的约束效应到管理会计信息决策有用性的总间接效应为负。

为了验证本书的假设3，本书在结构方程模型中加入了潜变量政府干预的推动（Political Promotion）和其直接指向管理会计信息决策有用性的路径，相应的路径系数为 $\beta4$。如果研究假设3成立，则路径系数 $\beta4$ 将显著为负。

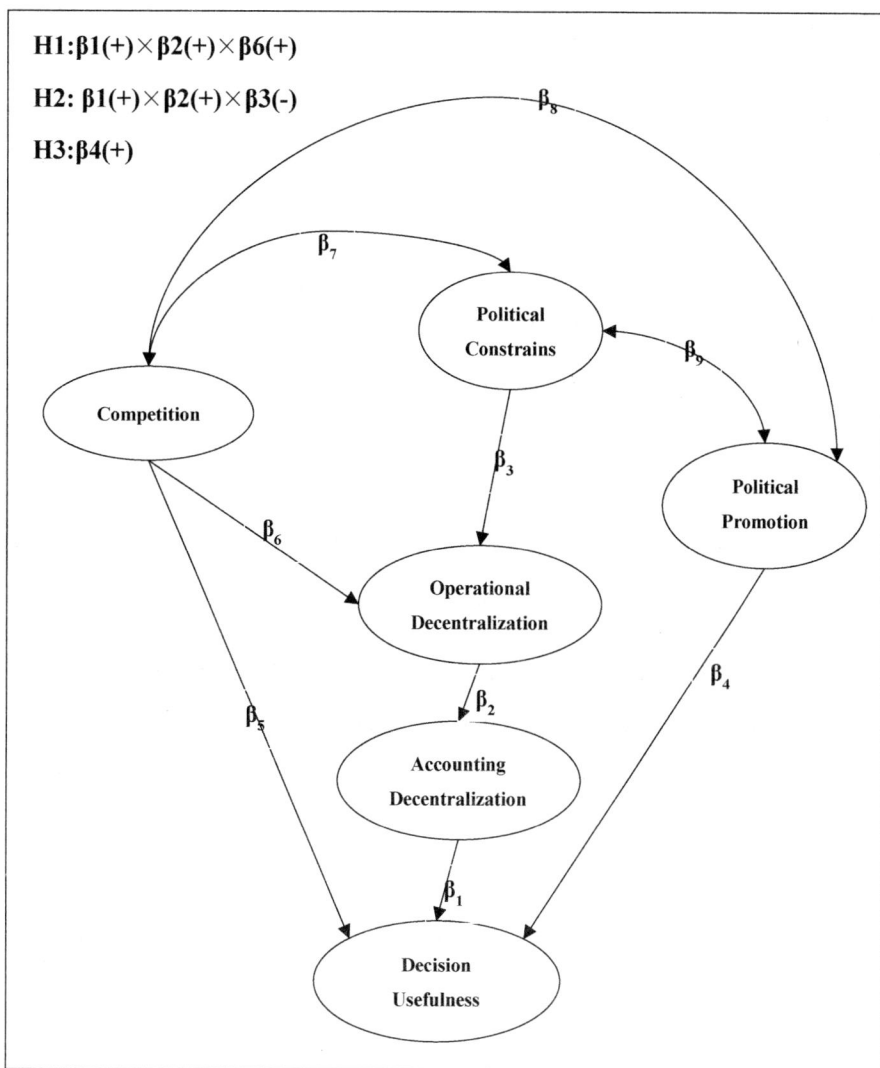

图 6.1 结构方程模型

6.2.2 问卷设计

如表 6.1 所示，为了度量各潜变量并探索它们之间的结构关系，本书参考以往研究成熟的问卷设计了 Likert 量表。每个潜变量由若干题项度量，被调查对象对各题项的描述做出6点打分。①

管理会计信息的决策有用性是由管理会计的信息是否符合其信息质量特征所决定的，管理会计信息的质量特征并不是单一的。因此本书需要从不同的质量特征维度来共同刻画经营管理实践中管理会计信息的决策有用性。本书根据以往文献的方法（Ni et al.，2012），参考并采用 Chenhall and Morris（1986）所提出的管理会计信息决策有用性应具备的四个特征维度设计了本书的量表，具体包括了管理会计信息的视野范畴（Scope）、及时性（Timeliness）、综合性（Aggregation）以及整体性（Integration）。其他变量的问卷设计如表6.1所示。

同时，为了保证本书的调查问卷的本土化，在实际发放问卷之前，本书通过邀请在问卷调查方法和管理会计相关领域的学者进行反复的讨论，仔细修改各变量题项及其措辞，形成问卷终稿。此外，整个问卷的长度控制在9页以内，大概30分钟的时间就可以完成问卷的填写。

① 传统的调查问卷一般采用5点或7点计分制。但是，奉行儒家文化的东亚国家，如中国、日本等，崇尚中庸之道，如果采用西方国家问卷调查普遍使用的奇数 Likert 量表，则东亚国家的被调查者倾向于选择位于中间的数值（刘海建和陈传明，2007）。基于这点考虑，国内不少学者采用偶数 Likert 量表进行问卷调查，如陈永霞等（2006）、刘海建和陈传明（2007）均采用6点 Likert 量表。目的是让被调查者能够在3与4之间做出较为明确的心理判断，提高研究数据的质量。

表 6.1 变量说明

变量中文名称	变量英文名称	变量定义和必要说明
管理会计信息视野范畴	Scope	本书参考 Chenhall and Morris（1986）将管理会计信息的视野范畴定义为，管理会计信息系统对于外部信息（External Information）与非财务信息（Non – Financial Information）的反映程度，以及管理会计信息以未来为导向的程度（Future – Oriented）
管理会计信息及时性	Timeliness	本书参考 Chenhall and Morris（1986）将管理会计信息及时性定义为，管理会计信息报告的频次（Frequency of Reporting）与在面对需求时生成报告的速度（Speed of reporting）
管理会计信息综合性	Aggregation	本书参考 Chenhall and Morris（1986）将管理会计信息综合性定义为，综合各种不同的会计区间（Aggregated by Time Period）、综合不同的功能部门（Aggregated by Functional Area）以及综合不同的决策模型（Analytical by or decision model）
管理会计信息整体性	Integration	本书参考 Chenhall and Morris（1986）将管理会计信息整体性定义为，管理会计信息充分体现经营业务单元不同部门的明确目标和具体行动，以及管理会计信息在多大程度上影响到经理人与公司最终业绩相关的决策
经营分权	Operational Decentralization	本书参考 Indjejikian and Matějka（2012）将经营分权定义为，组织内部上级管理层将市场、经营和投资等决策权力分散给下级经营业务单元的程度
会计分权	Accounting Decentralization	本书参考 Indjejikian and Matějka（2012）将会计分权定义为，上级单位分配给下属经营业务单元与会计相关的决策权力，包括了经营业务单元在多大程度上具有自主设计自身内部会计信息系统，以及选择与自身经营业绩相关的会计政策等权力，即经营业务单元在会计信息系统的设计、建立以及运行方面有可以获得多大的自由度

变量中文名称	变量英文名称	变量定义和必要说明
市场竞争	Competition	本书参考 Mia and Clarke（1999）设计了包括"贵企业所在行业生产技术更新速度"等6个维度的量表作为市场竞争的替代变量
政府干预的约束效应	Political Constraints	本书参考 O'Connor et al.（2006）设计了包括"贵企业党委书记可以任命成本与利润中心经理"的程度等3个维度的量表作为政府干预的替代变量
政府干预的推动效应	Political Promotion	本书设计了包括"政府相关单位经常要求贵公司上报与经营管理相关的文件"的程度等2个维度的量表作为政府干预的替代变量

6.2.3　问卷调查发放情况

本次调查问卷的发放与回收时间是在2013年10月初到2013年11月底。发放的对象主要是 MPAcc（会计专业硕士）在职的学生。问卷发放与回收的方式主要是由任课老师在课堂上帮助发放与回收。本次共发放调查问卷305份，回收257份，问卷回收率为84.26%。问卷回收之后，在问卷录入过程中删除了存在填答不完整或者明显的填答不认真等情况的问卷，总共删除掉44份，剩下调查样本214份，问卷的实际回收率为70.2%。为了检验本书的研究假设，因此剔除了非国有企业样本50份，剩余有效样本164个，占总样本63.8%。

被调查对象中，男性人员为64名，女性人员为100名，分别占比为39.0%和61.0%；被调查学员属于企业内部高层会计管理人员（总、分、子公司财务主管）、中层会计管理人员（会计相关部门主管，如预算控制部门主管和成本核算部门主管）以及基层会计人员分别为58名、22名和84名，占比分别为35.4%、13.4%和

51.2%；被调查人员平均工作年限为 8.0 年，在当前职务任职平均年限为 5.2 年。以上数据说明，本书的被调查对象不仅具有专业的会计知识，而且也具备丰富的管理经验，可以保证问卷调查的质量。

6.3　实证结果分析

6.3.1　因子分析

由于本书所有的变量都属于潜变量，需要通过因子分析检验问卷设计的理论一致性。本书采用主成分因子分析，如表 6.2 所示，各信息特征 Cronbach α 系数分别为 0.907、0.881、0.908 和 0.872，说明量表具有较高的信度。[①] Eigenvalue（特征值）分别为 4.1、3.0、4.1 和 2.4，也进一步说明本书提取的因子具有较高的信度。各信息特征的取样足够度 KMO 值分别为 0.868、0.839、0.866 和 0.741，说明本书量表结果适合做因子分析。[②] 以上指标共同说明，本书针对管理会计信息决策有用性设置的量表可以较好地支持管理会计信息决策有用性相关理论，适合作为潜变量放入结构方程中。其他变量因子分析如表 6.3 所示，在此不再一一赘述。

[①] Cronbach α 指所有可能的项目划分方法得到的折半信度系数的平均值，是最常用的信度测量方法。通常 Cronbach α 系数的值在 0 和 1 之间。如果系数不超过 0.6，一般认为内部一致信度不足；达到 0.7~0.8 时表示量表具有相当的信度；达 0.8~0.9 时说明量表信度非常好。

[②] KMO（Kaiser – Meyer – Olkin）检验统计量是用于比较变量间简单相关系数和偏相关系数的指标。Kaiser 给出了常用的 KMO 度量标准：0.9 以上表示非常适合；0.8 表示适合；0.7 表示一般；0.6 以下表示不太适合；0.5 以下表示极不适合。

表 6.2　管理会计信息决策有用性因子分析

编号	管理会计信息质量特征	Scope	Timeliness	Aggregation	Integration
D1	贵公司管理会计需要充分收集与未来相关联的信息（如果只需要充分收集历史信息则选择完全不符）	0.836			
D2	贵公司管理会计需要充分量化未来可能出现的情况（概率估算）	0.862			
D3	贵公司管理会计需要充分量化非经济因素（如顾客偏好、员工态度、政企关系、消费者结构以及市场竞争威胁等）	0.881			
D4	贵公司管理会计需要收集广泛的公司外部因素（如经济现状、人口增长、技术进步等）	0.879			
D5	贵公司管理会计需要提供充分的生产信息（如生产率、废品率、整机效率及员工缺勤率等）	0.693			
D6	贵公司管理会计需要提供充分的市场信息（如市场规模及增长额等）	0.801			

Cronbach α 系数 = 0.907；KMO = 0.868；Bartlett: Chi – square = 648.8，Degree of Freedom = 15；Eigenvalue = 4.1

续表

编号	管理会计信息质量特征	Scope	Timeliness	Aggregation	Integration
D7	当上级有需求时总是可以第一时间提供相应的管理会计信息		0.858		
D8	当收到上级的命令时，贵公司将自动进行信息处理并编制成管理会计报告，并适时提供给上级或其他管理层		0.853		
D9	贵公司需要定期编制系统的管理会计报告以提供上级或其他管理层		0.855		
D10	当有突发情况时，管理会计总可以第一时间向上级报告详尽信息		0.869		
	Cronbach α 系数=0.881；KMO=0.839；Bartlett：Chi-square=333.8，Degree of Freedom=6；Eigenvalue=3.0				
D11	贵公司管理会计需要从公司不同部门或者责任中心（如成本中心、费用中心等）充分收集信息			0.776	
D12	贵公司管理会计需要反映特定时间段内发生的特定事件的经济后果			0.902	
D13	贵公司管理会计需要为不同的目标或者项目加工处理源自公司不同部门或者责任中心的数据以服务于管理层			0.881	

续表

编号	管理会计信息质量特征	Scope	Timeliness	Aggregation	Integration
D14	贵公司管理会计需要综合分析项目对公司不同职能部门的影响（如与特有活动事项或者任务相关的营销或生产）			0.838	
D15	贵公司管理会计需要为上级提供"假设分析"或者"可行性分析"报告			0.820	
D16	贵公司管理会计在格式上需要运用一些决策模型（如折现现金流模型、边际分析，存货分析及公司信贷政策等）			0.743	
Cronbach α 系数=0.908；KMO=0.866；Bartlett: Chi-square=662.4，Degree of Freedom=15；Eigenvalue=4.1					
D17	上级或者其他管理层根据管理会计信息所做出的决策将会影响整个部门甚至整个责任中心				0.886
D18	管理会计信息可以帮助部门中的每个层面明确自己的行动目标				0.896
D19	管理会计信息可以影响到经理人与公司最终业绩相关的决策				0.894
Cronbach α 系数=0.872；KMO=0.741；Bartlett: Chi-square=241.1，Degree of Freedom=3；Eigenvalue=2.4					

表6.3 其他变量因子分析

		Competition	Political Constraints	Political Promotion
	市场竞争程度			
I1	贵企业竞争对手数量	0.819		
I2	贵企业所在行业生产技术更新速度	0.743		
I3	贵企业所在行业新产品/服务出现的速度	0.820		
I4	贵企业所在行业价格竞争程度	0.798		
I5	贵企业产品或服务占所在行业的市场份额	0.003		
I6	贵企业所在行业销售渠道竞争程度	0.375		
	Cronbach α 系数 = 0.711；KMO = 0.686；Bartlett：Chi-square = 448.7，Degree of Freedom = 6；Eigenvalue = 2.9			
	政府干预的约束效应			
H10	贵企业党委书记可以任命成本与利润中心经理		0.961	
H11	贵企业党委书记可以提拔成本与利润中心经理		0.983	
H12	贵企业党委书记可以开除成本与利润中心经理		0.902	
	Cronbach α 系数 = 0.945；KMO = 0.643；Bartlett：Chi-square = 657.8，Degree of Freedom = 3；Eigenvalue = 2.7			
	政府干预的推动效应			
H13	政府相关单位经常发布与贵公司经营相关的文件			0.914

续表

		Political Promotion	Operational Decentralization
H14	政府相关单位经常要求贵公司上报与经营管理相关的文件	0.915	
政府干预的推动效应			

Cronbach α 系数 = 0.774; KMO = 0.600; Bartlett: Chi-square = 147.8, Degree of Freedom = 1; Eigenvalue = 1.7

	经营分权		
B1	自主开发新的产品或者服务的权力		0.751
B2	自主的人事权力		0.722
B3	自主的投资权力		0.735
B4	自主的预算权力		0.792
B5	自主的定价权力		0.814
B6	自主的贷款权力		0.748
B7	自主的采购权		0.712
B8	自主的广告投入权力		0.725
B9	对雇用人员的薪酬设计		0.782
B10	对雇用人员的培训		0.768
B11	开设新的部门		0.753

Cronbach α 系数 = 0.925; KMO = 0.879; Bartlett: Chi-square = 1237.8, Degree of Freedom = 55; Eigenvalue = 6.3

续表

	会计分权	Accounting Decentralization
B12	自主决定如何分配制造费用	0.808
B13	自主决定如何分配销售成本	0.813
B14	自主决定企业内部转移定价	0.855
B15	自主决定资本化或费用化支出	0.897
B16	自主决定存货估值	0.870
B17	自主编制各营业区间预算	0.826
B18	自主制订短期财务计划	0.843

Cronbach α 系数 = 0.943；KMO = 0.842；Bartlett：Chi – square = 1305.1，Degree of Freedom = 21；Eigenvalue = 5.2

6.3.2 相关性分析

如表6.4所示，对因子分析得到的因子进行相关性分析显示，市场竞争与企业经营分权和会计分权均呈正相关，且都在1%的水平上显著；经营分权与会计分权呈正相关，且在1%的水平上显著；会计分权与管理会计信息决策有用性各特征也均呈正相关，且至少都在5%的水平上显著。这初步说明，研究假设1成立。政府干预的约束效应与企业经营分权和会计分权均呈负相关，且都在1%的水平上显著，这初步说明研究假设2成立。政府干预的推动效应对于管理会计信息决策有用性各特征基本呈正相关，虽然显著性并不理想，但是也初步说明研究假设3成立。当然更稳健的结论还有赖于结构方程分析。

表 6.4 变量相关性分析

	Political Constraints	Political Promotion	Competition	Operational Decentralization	Accounting Decentralization	Scope	Timeliness	Aggregation	Integration
Political Constraint	1								
Political Promotion	0.470***	1							
Competition	0.165**	-0.113*	1						
Operational Decentralization	-0.094***	-0.226***	0.248***	1					
Accounting Decentralization	-0.059***	-0.202***	0.255***	0.778***	1				
Scope	0.138**	0.171**	0.329***	0.365***	0.280***	1			
Timeliness	0.071	0.126*	0.166**	0.240***	0.150**	0.570***	1		
Aggregation	0.098	0.134*	0.299***	0.222***	0.171**	0.705***	0.638***	1	
Integration	0.137**	0.055	0.227***	0.265***	0.194***	0.611***	0.594***	0.771***	1

t statistics in brackets * $p < 0.1$, * * $p < 0.05$, * * * $p < 0.01$

6.3.3　结构方程参数估计

如表 6.5 所示，本书以不同的管理会计信息决策有用性特征分别作为外生变量，用结构方程模型估计路径系数，估计结果分别为模型（1）～（4）。估计结果显示，模型（1）～（4）路径系数 $\beta 1$ 分别为 0.213、0.135、0.117 和 0.149，均显著为正。路径相关系数 $\beta 2$ 均显著为正，这说明随着经营分权的增加，会计分权也会相应地增加。这不仅验证了 Indjejikian and Matějka（2012）的观点，经营决策权力和会计决策权力两种相互匹配的权力，而且也验证了 Chenhall and Morris（1986）的观点，分权模式下的管理会计信息更具决策有用性。同时，路径相关系数 $\beta 6$ 均显著为正，这说明随着市场竞争的增加，经营分权也会增加。基于此，研究假设 1 成立。

结构方程模型估计结果显示，路径系数 $\beta 3$ 均显著为负，即政府干预与经营分权呈显著的负相关关系。综合路径系数 $\beta 1$ 和 $\beta 2$ 的结果，政府对企业人事权力的干预会通过经营分权进一步约束会计分权，从而间接地削弱管理会计信息决策有用性，即研究假设 2 成立。结构方程模型估计结果还显示，路径相关系数 $\beta 4$ 均显著为正，这证明了政府干预对于提升管理会计信息决策有用性确实也存在推动效应，这说明研究假设 3 成立。

表6.5　结构方程模型参数估计结果

		（1）	（2）	（3）	（4）
		Scope	Timeliness	Aggregation	Integration
Accounting Decentralization					
Operational Decentralization	β_2	0.850 ***	0.847 ***	0.848 ***	0.849 ***
		（7.95）	（7.94）	（7.93）	（7.95）
Operational Decentralization					
Competition	β_6	0.262 ***	0.247 ***	0.261 ***	0.266 ***
		（3.68）	（3.55）	（3.67）	（3.69）
Political Constraint	β_3	− 0.237 *	− 0.235 *	− 0.241 *	− 0.241 *
		（− 1.86）	（− 1.83）	（− 1.89）	（− 1.88）
		Scope	Timeliness	Aggregation	Integration
Accounting Decentralization	β_1	0.213 ***	0.135 **	0.117 **	0.149 ***
		（4.47）	（2.36）	（2.52）	（3.14）
Competition	β_5	0.137 **	0.140 ***	0.136 **	0.130 **
		（2.42）	（2.61）	（2.46）	（2.29）
Political Promotion	β_4	0.243 ***	0.198 ***	0.172 ***	0.119
		（3.11）	（2.06）	（2.25）	（1.59）
Competition-Political Constraint	β_7	− 0.204	− 0.237	− 0.194	− 0.197
		（− 1.09）	（− 1.24）	（− 1.03）	（− 1.06）
Competition-Political Promotion	β_8	− 0.577 ***	− 0.632 ***	− 0.576 ***	− 0.553 ***
		（− 2.68）	（− 2.84）	（− 2.67）	（− 2.61）
Political Constraint-Political Promotion	β_9	0.920 ***	0.916 ***	0.920 ***	0.898 ***
		（5.48）	（5.45）	（5.47）	（5.35）

SEM Post Estimation Test				
X^2	248. 98	247. 094	297. 252	249. 626
Degree of Freedom	126	126	126	126
P – value	0. 000	0. 000	0. 000	0. 000
RMSEA	0. 077	0. 077	0. 081	0. 077
SRMR	0. 081	0. 075	0. 072	0. 076
TLI	0. 907	0. 902	0. 895	0. 887
CFI	0. 924	0. 919	0. 913	0. 907
AIC	9761. 198	9817. 921	10098. 819	9715. 402
BIC	9956. 490	10013. 212	10303. 411	9910. 694

t statistics in brackets $* \; p < 0.1$, $* * \; p < 0.05$, $* * * \; p < 0.01$

6.4 研究结论

本章通过问卷调查研究了政府干预企业经营管理的两种方式对于企业会计分权及管理会计信息决策有用性的影响。实证结果表明，政府干预对于管理会计信息系统存在两种不同的效应，约束效应和推动效应：前者即政府通过约束企业上下级单位之间分权程度，从而间接降低管理会计信息决策有用性；后者即政府通过推动管理会计技术与方法在企业中的运用从而直接提升管理会计信息决策有用性。

本章的研究结论具有重要的启示意义。一方面，从会计信息系统的权力配置方式来讲，本章实证结果显示分权管理模式下，会计信息系统只有以经营业务单元为中心，才可以为经营业务单元管理层提供决策有用的管理会计信息。另一方面，从政府干预与企业经营管理来讲，本章从管理会计信息系统的视角区分了政府干预企业经营管理两种方式的不同经济后果。虽然对于国有企业改革"去行政化"已经成为共识，但是当前政府对于国有企业人事权力依然存在较强的干预。然而，政府对于企业人事权力配置的干预事实上并不利于企业做出最优选择，还有可能削弱企业资源配置的效率。相比之下，我国政府对于企业的另一种干预方式却对国有企业经营管理实践产生了积极的效应，这种方式表现为我国政府如财政部对于管理会计理论与实践发展的积极推动。相比于前者，后者的优点就在于政府并不直接参与企业日常经营管理，仅仅为企业管理会计实践提供制度上和方法上的建议与支持。

7. 研究结论、局限与展望

本章将对全书内容进行系统的总结，主要由三部分组成：一是本书的主要研究结论；二是本书的研究局限性；三是未来研究展望。

7.1 研究结论

本书基于代理理论和权变理论，深入分析了企业内部会计分权产生的内在机理，以及会计分权对于管理会计师角色和管理会计信息决策有用性的影响。具体说来，根据 Anthony（1965）所提出的管理控制系统理论思想，在研究管理会计信息系统时，必须充分考虑组织内外部情景因素。具体说来，本书选择了经营环境不确定性、市场竞争程度以及政府干预程度作为外部环境情景因素，同时以企业产权性质、上市背景、公司规模等作为内部环境情景因素，集中讨论了这一系列权变变量对于会计分权程度选择的影响，会计分权对于管理会计师角色和管理会计信息决策有用性的影响，以及管理会计师角色在会计分权与管理会计信息决策有用性之间的中介作用。

为了保证本书研究逻辑的严密性，本书遵循胡玉明（2011）提出的中国管理会计理论与方法研究的学术思想：立足于中国转型经济环境下的特有制度背景，综合运用会计学、经济学、管理学、组织行为学、社会学和心理学等学科的理论与方法，基于管理会计的"技术、组织、行为、情境"四个维度和"环境—战略—行为—过程—结果"一体化的逻辑基础，系统地研究中国企业管理会计理论与方法。由于会计分权模式的选择主要受到企业内外部环境的影响，因此引入外部环境中对经营战略制定具有重大影响的变量——市场竞争程度，打通环境、战略、管理控制系统与企业业绩之间的逻辑关系，沿着"外部环境—内部环境—会计分权—管理会计师角色—管理会计信息决策有用性"的逻辑路径进行研究，获得了具有理论与实践价值的研究结论。具体可以总结为如下四点：

（1）本书实地调研表明，其一，虽然我国当前尚没有出现明确的会计分权概念，但是在经营管理实践中，部分企业已经选择了与自身环境相互适应的会计分权模式；其二，我国当前多数企业中，管理会计工作普遍还并不独立于财务会计，虽有少数企业成立了独立的管理会计部门如预算和成本控制部，然而却少有明确的管理会计师定位；其三，多数企业经营管理者已经意识到管理会计信息对于企业经营决策的重要性，在企业管理实践中，企业管理层对管理会计信息的重视程度远超财务会计信息，且多数企业管理层在进行经营管理决策时，如成本控制、投资决策以及业绩评价，已经较多地依赖于管理会计信息的支持。

（2）会计分权作为组织内部的一种权力格局，一种利益分配机制，上级单位与业务单元之间选择不同的配置方式确实会受到不同层面因素的影响，这既包括企业外部环境层面，如市场竞争程度，如政府干预等，也会受到企业本身经营权力配置方式的影响。通过实证研究，我们应该意识到会计分权既不是一个二维选择命题，也不存在一以贯之最好的分权或者集权模式。在经营管理中，不同的企业确实会根据不同的情景因素选择适度的会计分权，以及与企业自身内外部环境相互匹配的会计分权模式。当然，我们也需要意识到，会计分权模式下，也会在一定程度上分散企业的财务资源，同时各经营业务单元会计与财务资源的最优叠加并不等于整体的最优。当下属经营业务单元获得了一定的财务自由，会计与财务的管理目标可能不再受制于上级单位的目标，对于上级单位来讲，会计信息不仅仅存在失真的风险，甚至有可能滋生一系列代理问题。因此，企业也需要意识到会计分权模式下，必须明确各单位特别是会计师的责任权力。

（3）随着经营环境不确定性的增加，会计分权程度也会相应地增加，从而管理会计师在业务单元经营管理中的角色也将越来越倾向于管理导向，这既包括增加管理会计师在组织管理决策中的参与度，也包括增加管理会计师对于自身角色的认识的清晰度。当然，本书也仅仅是从组织权力分配的方式角度，揭示了会计分权对于管理会计师角色的影响，管理会计师在经营管理中的作用还会受到多种因素的共同作用，这些因素作用于管理会计师的角色转变的内在机理，依然尚待挖掘。会计分权作为组织内部的一种权力格局，一种利益分配机制，上级单位与经营业务单元之间选择不同的配置方式确实会影响到管理会计师在经营业务单元中的角色与地位。虽然以往研究对于管理会计师以经营管理为导向的新角色已经有较多认识，但是我们也同时必须认识到管理会计师的这种以经营管理为导向的新形象还并不被大多数企业所认同，重塑管理会计师"商业合伙人"的新角色依然需要众多方面的努力。

（4）相比于以往研究者们聚焦于管理会计的信息认知有用性，本书从管理会计师实践的角度研究了管理会计信息系统的建设对于管理会计信息决策有用性的影响。即以往研究仅仅解决了随着经营分权程度增加，业务单元管理层需要什么样的管理会计信息，本书的研究则回答了随着经营管理分权的增加，会计分权也相应增加后，经营业务单元的管理会计信息系统是否真的可以提供更具决策价值的管理会计信息。实证结果显示，随着市场竞争程度的增加，上级单位对于经营业务单元的会计分权程度也相应的增加，当经营业务单元获得更大的会计自主权力之后，管理会计信息系统的建立将以经营业务单元为中心，这样为管理层提供的管理会计信息也将更具有决策有用性。同时，市场竞争程度不仅仅只会通过影响会计分权程度进而影响管理会计信息的决策有用性，市场竞争程度的加剧也会直接给经营业务单元管理层带来经营管理决策的压力，并迫使管理会计信息系统提供更有用的管理会计信息以帮助管理层应对市场的挑战。

（5）随着会计分权程度的增加，经营业务单元的管理会计师管理导向增加，从而会增加管理会计信息的决策有用性。因此，在某种意义上本书补充了以往文献对于管理会计师角色与管理会计信息有用性之间的内在机理研究的不足。管理会计师作为管理会计信息的收集整理者，在不同的制度背景下，特别是在不同的组织会计分权管理模式下，管理会计师对于自身的角色定位是不同的，这种角色定位的差异最终将导致呈报给经营业务单元管理层的管理会计信息的有用性存在差异。随着企业集团化和规模化的发展，企业的去中心化管理已经成为当前企业组织结构改革的共识，在这种背景下，如何定位于经营业务单元管理会计师，经营业务单元管理会计师应该向管理层提供什么样的管理会计信息成为管理会计实践中不得不面对的问题。基于本书的经验证据，随着会计分权的增加，经营业务单元会计师获得了更大的自主权，这会通过增加管理会计师在组织管理决策中的参与度与管理会计师对于自身角色的认识的清晰度，从而增加管理会计信息对于经营业务单元管理层的决策有用性。

7.2　研究局限与不足

一方面，长期以来管理会计实证研究数据获取方式的成本相对较高、研究周期相对较长，导致目前国内会计学术界对管理会计研究问题的冷落。另外一方面，我国政府包括财政部、各种会计学术团体以及我国企业管理实践却日益重视管理会计技术的应用与发展，管理会计人员的素质和人才的培养。然而，与资本市场会计研究相比，管理会计实证研究的文献积累相当有限，在研究问题的深度、研究设计的规范性、研究手段的先进性上与国际主流的管理会计研究存在不小的差距。虽然我们在研究技术的使用上尽力与国际主流研究范式靠近，但是仍然在以下几方面存在不同程度的局限：

（1）研究视野上的局限。无论是会计分权，还是管理会计师角色乃至管理会计信息的决策有用性，影响因素还非常多，难以穷尽。

如以会计分权程度来讲，可能企业内会计分权程度还受到组织在行业的地位影响。假如企业在行业中处于垄断地位，其受到源自市场和经营环境的压力也会更大，因而对于管理会计信息的需求也可能会减少，这将有可能削弱上级单位对于经营业务单元的会计分权程度。以管理会计师角色和管理会计信息的决策有用性来讲，可能与管理会计师所在单位的管理层对于管理会计的理念还有很大的相关性。如管理层高度重视管理会计在组织中的运用，可能相应地管理会计师也会更受到领导重视，管理会计师在组织经营管理中的地位也可能越高，因而管理会计师的角色更有可能向管理导向进行转变，同时管理会计师为管理层提供的信息决策有用性也会相应地增加。

（2）研究样本的范围还不足，行业特色等无法作为考量的因素。以往研究表明，管理会计信息系统的设计具有非常大的行业差异，很多案例研究都是基于特定的行业进行研究，这样得到的研究结论在特定的行业中，可能更具有推广性。而基于问卷调查所得到的一般性结论，在行业的适用性上还较差。从本书收集的样本来看，本书的调查对象主要集中在制造业（90 个，占总样本的 42.05%），其他行业的样本数更少。因此，本书难以从样本上区分出行业特征来。这也是未来研究的一个重要突破口。

（3）研究样本量有待提高。本书实际使用样本数量 214 个，样本量虽然已经远超过统计检验所需的最低数量要求。然而实际上，本次问卷调查共发放 305 份，经过样本的严格筛选就剩下有效样本214 份。从统计上来讲，只有样本量足够大才能保证研究结论的稳健性，同时保证线性回归模型与结构方程模型相关系数的一致性，本书部分实证结果，如果样本量再大一些就可能出现显著的结论。

由于研究时间和成本的限制，问卷调查样本量难以做得太大，同时填答质量的参差不齐也会造成样本量的亏损。在后续研究中，在研究时间和经费的保证下尽量扩大样本的收集范围和数量，提高实证分析中的有效样本量，进一步增强研究结论的说服力。

（4）方法上的局限。无论是线性回归模型还是结构方程模型，都是将变量之间的关系简化成为非结构化或者结构化的正负相关关系。其实，在实践中，变量与变量之间的关系，可能比我们理论所推导出来的关系还要复杂，甚至呈现出结构化的非线性关系。以会计分权来讲，也有可能与市场竞争程度呈现倒 U 型关系，即随着市场竞争程度的增加，上级单位对于经营业务单元的会计分权程度先升高后降低，也就是说在企业经营业务单元面临高度完全竞争市场时，无论经营业务单元如何设计自身的会计信息系统也难以达到个体最优解，因而有可能上级单位在权衡分权与集权的收益与成本时，会更倾向于选择一种集中力量办大事的思路，建立完全集权的会计信息系统，以保证企业整体资源的有效利用。

7.3 未来研究展望

由于会计分权提出的概念相对较晚，而其对于组织经营管理的意义又如此重大，因此可以预计在未来会计分权的影响因素及其经济后果可能依然是研究的重点。同时，当前全球范围内，管理会计思潮的掀起，有可能进一步推动管理会计实务和理论的发展。由于以往文献对于管理会计相关领域研究的不足，本书相信管理会计师的角色、管理会计信息的决策有用性还依然存在尚待挖掘的话题。总结起来，未来可以从以下几个方面深入研究：

（1）进一步挖掘我国制度背景下以及具体的情景因素下，会计分权的影响因素和经济后果。如从企业生命周期的角度切入，研究处在不同的生命周期内会计分权的程度；如从管理者风格的角度切入，研究管理者家长式作风对于会计分权的影响程度；如从企业创业家精神切入，研究保守型企业家和进取型企业家对于会计分权程度的影响。对于会计分权的经济后果，还可以落脚到具体的管理会计信息系统上去，如会计分权对于预算的影响、会计分权对于成本控制的影响以及会计分权对于业绩评价的影响等等。

（2）进一步研究管理会计师角色转变的影响因素及其经济后果。管理会计师在企业中的地位和角色既依赖于企业内外部具体的环境因素，同时也受到其他相关制度设计的影响，因而研究管理会计师角色转变的影响因素，还可以将研究的视野逐渐聚焦到具体的情景下管理会计师的角色和地位。如研究领导者对于管理会计的不同理念对于管理会计师地位的影响。此外，管理会计师角色的转变还将进一步影响到管理会计信息系统的具体设计，管理会计信息系统作为管理控制系统的子系统，其衡量方式还有很多的角度，如管理会计信息系统设计的开放性等等，那么不同角色的管理会计师对于管理会计信息系统的开放性又有何影响？这依然尚待分析和挖掘。

（3）通过更广泛地收集研究样本，将研究的视野聚化到某个特定的行业上来，以使本书的研究结论更具有行业性，以保证研究结果在行业中的适用。

参考文献

［1］ Abernethy, M. A. , Bouwens, J. , & Van Lent, L. (2004). Determinants of control system design in divisionalized firms. *The Accounting Review*, 79 (3), 545 – 570.

2. Aghion, P. , & Tirole, J. (1997) . Formal and real authority in organizations. *Journal of political economy*, 1 – 29.

3. Ahrens, T. , & Chapman, C. S. (2007) . Management accounting as practice. *Accounting, Organizations and Society*, 32 (1), 1 – 27.

4. Amey, L. R. (1979) . Budget planning and control systems. London: Pitman.

5. Amigoni, F. (1992) . Planning management control systems. In Readings in Accounting for Management Control (pp. 174 – 185). Springer US.

6. Anderson, S. W. , & Young, S. M. (1999) . The impact of contextual and process factors on the evaluation of activity – based costing systems. *Accounting, Organizations and Society*, 24 (7), 525 – 559.

190

7. Anthony, R. N. (1965) . Management planning and control systems: A framework for analysis. Harvard Business School Press, Boston.

8. Anthony, R. N. (1965) . Planning and control systems: a framework for analysis.

9. Anthony, R. N. , & Young, D. W. (2004) . Financial accounting and financial management. The Jossey – Bass Handbook of Nonprofit Leadership and Management, 2nd Edition. San Francisco: Jossey – Bass/ Wiley.

10. Atkinson, G. , Baldock, D. ; Bowyer, C. ; Newcombe, J. , Ozdemiroglu, E. ; Pearce, D. & Provins, A. (2004) . Framework for environmental accounts for agriculture, London, Economics for the Environment Consultancy.

11. Baiman, S. (1990) . Agency research in managerial accounting: a second look. *Accounting, Organizations and Society*, 15 (4), 341 –371.

12. Baiman, S. , & Evans, J. H. (1983) . Pre – decision information and participative management control systems. *Journal of Accounting Research*, 371 –395.

13. Baiman, S. , & Sivaramakrishnan, K. (1991) . The value of private pre – decision information in a principal – agent context. *The Accounting Review*, 747 –766.

14. Baiman, S. , Larcker, D. F. , & Rajan, M. V. (1995). Organizational design for business units. *Journal of Accounting Research*, 33 (2), 205 –229.

15. Baiman. S. （1982）. Agency research in managerial accounting: a survey. *Journal of Accounting Literature*, 154 – 213.

16. Baines, A. , & Langfield – Smith, K. （2003）. Antecedents to management accounting change: a structural equation approach. *Accounting, Organizations and Society*, 28 （7）, 675 – 698.

17. Baldvinsdottir, G. , Burns, J. , Noreklit, H. , & Scapens, R. W. , （2009b）. The image of accountants: from bean counters to extreme accountants. *Accounting, Auditing and Accountability Journal.* 22 （6）, 858 – 882.

18. Baldvinsdottir, G. , Burns, J. , Nørreklit, H. , & Scapens, R. （2010）. Professional accounting media: accountants handing over control to the system. *Qualitative Research in Accounting & Management*, 7 （3）, 395 – 414.

19. Baldvinsdottir, G. , Burns, J. , Norreklit, H. , & Scapens, R. , （2009a）. The management accountant' s role. *Financial Management*, 34 – 35.

20. Baldvinsdottir, G. , Burns, J. , Norreklit, H. , & Scapens, R. , 2010. Professional accounting media: accountants handing over control to the system. *Qualitative Research in Accounting and Management*, 7 （3）, 395 – 414.

21. Beard, V. （1994）. Popular culture and professional identity: accountants in the movies. *Accounting, Organizations and Society*, 19 （3）, 303 – 318.

22. Beckert, J. （1999）. Agency, entrepreneurs, and institutional

change. The role of strategic choice and institutionalized practices in organizations. *Organization studies*, 20 (5), 777 – 799.

23. Berger, P. , & Luckmann, T. (1992). The social construction of reality. NY – 1966.

24. Bougen, P. D. (1994). Joking apart: the serious side to the accountant stereotype. *Accounting, Organizations and Society*, 19 (3), 319 – 335.

25. Bouwens, J. , & Van Lent, L. (2007). Assessing the performance of business unit managers. *Journal of Accounting Research*, 45 (4), 667 – 697.

26. Boyns, T. , & Edwards, J. R. (2006). The development of cost and management accounting in Britain. *Handbooks of Management Accounting Research*, 2, 969 – 1034.

27. Bromwich, M. (1990). The case for strategic management accounting: the role of accounting information for strategy in competitive markets. *Accounting, Organizations and Society*, 15 (1), 27 – 46.

28. Bromwich, M. , & Bhimani, A. (1989). Management accounting: evolution not revolution. London: Chartered Institute of management accountants.

29. Burns, J. , & Baldvinsdottir, G. (2005). An institutional perspective of accountants' new roles – the interplay of contradictions and praxis. *European Accounting Review*. 14 (4), 725 – 757.

30. Burns, J. , & Nielsen, K. (2006). How do embedded agents engage in institutional change? . *Journal of Economic Issues*, 40 (2),

449 – 456.

31. Burns, J. , & Scapens, R. W. （2000）. Conceptualizing management accounting change：an institutional framework. *Management Accounting Research*, 11 （1）, 3 – 25.

32. Burns, J. , & Vaivio, J. （2001）. Management accounting change. *Management accounting research*, 12 （4）, 389 – 402.

33. Burns, J. , & Yazdifar, H. 2001. Tricks or treats？. *Financial Management*, 33 – 35.

34. Burns, J. , Ezzamel, M. , Scapens, R. , & Scapens, R. W. （2003）. The challenge of management accounting change：Behavioural and cultural aspects of change management. Elsevier.

35. Burns, J. , Scapens, R. , & Turley, S. （1996）. Some further thoughts on the changing practice of management accounting. *Management Accounting：Magazine for Chartered Management Accountants*, 74 （9）, 58 – 59.

36. Burns, T. E. , & Stalker, G. M. （1961）. The management of innovation. University of Illinois at Urbana – Champaign's Academy for Entrepreneurial Leadership Historical Research Reference in Entrepreneurship.

37. Burns, W. J. , & Waterhouse, J. H. （1975）. Budgetary control and organization structure. *Journal of accounting research*, 177 – 203.

38. Byrne, S. （2010）. Antecedents, characteristics, and consequences associated with the roles of management accountants, and assisting managers in their roles（Doctoral dissertation, Dublin City University）.

39. Byrne, S. , & Pierce, B. (2007) . Towards a more comprehensive understanding of the roles of management accountants. *European Accounting Review*, 16 (3), 469 – 498.

40. Caglio, A. (2003) . Enterprise resource planning systems and accountants: towards hybridization? . *European Accounting Review*, 12 (1), 123 – 153.

41. Chapman, C. S. (1997) . Reflections on a contingent view of accounting. *Accounting, Organizations and Society*, 22 (2), 189 – 205.

42. Chenhall, R. H. (2003) . Management control systems design within its organizational context: findings from contingency – based research and directions for the future. *Accounting, Organizations and Society*, 28 (2), 127 – 168.

43. Chenhall, R. H. (2008) . Accounting for the Horizontal Organization. *Handbooks of Management Accounting Research*, 3, 1207 – 1233.

44. Chenhall, R. H. , & Langfield – Smith, K. (1998) . The relationship between strategic priorities, management techniques and management accounting: an empirical investigation using a systems approach. *Accounting, Organizations and Society*, 23 (3), 243 – 264.

45. Chenhall, R. H. , & Morris, D. (1986) . The impact of structure, environment, and interdependence on the perceived usefulness of management accounting systems. *The Accounting Review*, 61 (1), 16 – 35.

46. Chong, V. K. , & Chong, K. M. (1997) . Strategic choices,

environmental uncertainty and SBU performance: a note on the intervening role of management accounting systems. *Accounting and Business Research*, 27 (4), 268 – 276.

47. Christensen, J. (2010). Conceptual frameworks of accounting from an information perspective. *Accounting and Business Research*, 40 (3), 287 – 299.

48. Christie, A. A. , M. P. Joye, and R. L. Watts. 2003. Decentralization of the firm: Theory and evidence. *Journal of Corporate Finance*, 9 (1), 3 – 36.

49. Coad, A. F. , & Herbert, I. P. (2009). Back to the future: new potential for structuration theory in management accounting research?. *Management Accounting Research*, 20 (3), 177 – 192.

50. Collier, P. (2001). Ethnic diversity: an economic analysis of its implications. *Economic Policy*, 32, 129 – 66.

51. De Loo, I. , Verstegen, B. , & Swagerman, D. (2011). Understanding the roles of management accountants. *European Business Review*, 23 (3), 287 – 313.

52. Dechow, N. , & Mouritsen, J. (2005). Enterprise resource planning systems, management control and the quest for integration. *Accounting, Organizations and Society*, 30 (7), 691 – 733.

53. DeGeus, A. P. (1988). Planning as learning. *Harvard Business Review*, 70 – 74.

54. Dermer, J. D. (1973). Cognitive characteristics and the perceived importance of information. *The Accounting Review*, 48 (1),

511 – 519.

55. Dew, R. , & Gee, K. Management Control Information, 1973.

56. Duncan, R. B. （1972）. Characteristics of organizational environments and perceived environmental uncertainty. *Administrative science quarterly*, 17 （3）.

57. Emmanuel, C. , Otley, D. , & Merchant, K. （1990）. Accounting for management control. Springer US.

58. Emsley, D. （2005）. Restructuring the management accounting function: A note on the effect of role involvement on innovativeness. *Management Accounting Research*, 16 （2）, 157 – 177.

59. Ewert, R. , & Wagenhofer, A. （2006）. Management accounting theory and practice in German – speaking countries. *Handbooks of Management Accounting Research*, 2, 1035 – 1069.

60. Fauré, B. , & Rouleau, L. （2011）. The strategic competence of accountants and middle managers in budget making. *Accounting, Organizations and Society*, 36 （3）, 167 – 182.

61. Feltham, G. A. , & Xie, J. （1994）. Performance measure congruity and diversity in multi – task principal/agent relations. *The Accounting review*, 429 – 453.

62. Feng, J. , Prajogo, D. I. , Tan, K. C. , & Sohal, A. S. （2006）. The impact of TQM practices on performance: A comparative study between Australian and Singaporean organizations. *European Journal of Innovation Management*, 9 （3）, 269 – 278.

63. Fiedler, F. E. （1973）. Predicting the effects of leadership

training and experience from the contingency model: A clarification.

64. Fleischman, R., & Tyson, T. (2006). The history of management accounting in the US. *Handbooks of Management Accounting Research*, 2, 1071 – 1089.

65. Foster, G., & Swenson, D. W. (1997). Measuring the success of activity – based cost management and its determinants. *Journal of Management Accounting Research*, 9, 109 – 142.

66. Friedman, A. L., & Lyne, S. R. (1995). Activity based techniques: the real life consequences. *Chartered Institute of Management Accountants*.

67. Friedman, A. L., & Lyne, S. R. (1997). Activity – based techniques and the death of the beancounter. *European Accounting Review*, 6 (1), 19 – 44.

68. Friedman, A. L., & Lyne, S. R. (2001). The bean counter stereotype: towards a general model of stereotype generation. Critical Perspectives on Accounting, 12 (4), 423 – 451.

69. Galbraith, J. R. (1973). Designing complex organizations. Addison – Wesley Longman Publishing Co. , Inc. .

70. Ghoshal, S. , & Nohria, N. (1989). Internal differentiation within multinational corporations. Strategic management journal, 10 (4), 323 – 337.

71. Ghymn, K. I., & King, W. R. (1976). Design of a strategic planning management information system. Omega, 4 (5), 595 – 607.

72. Glynn, M. A. (2008). Beyond constraint: How institutions en-

able identities. *The Sage Handbook of Organizational Institutionalism*, 413 – 430.

73. Gordon, L. A. , & Miller, D. （1976）. A contingency framework for the design of accounting information systems. *Accounting, Organizations and Society*, 1 （1）, 59 – 69.

74. Gordon, L. A. , & Narayanan, V. K. （1984）. Management accounting systems, perceived environmental uncertainty and organization structure: an empirical investigation. *Accounting, Organizations and Society*, 9 （1）, 33 – 47.

75. Goretzki, L. , Strauss, E. , & Weber, J. （2013）. An institutional perspective on the changes in management accountants' professional role. *Management Accounting Research*, 24 （1）, 41 – 63.

76. Gorry, G. A. , & Morton, M. S. S. （1971）. A framework for management information systems （Vol. 13）. Massachusetts Institute of Technology.

77. Gosselin, M. （1997）. The effect of strategy and organizational structure on the adoption and implementation of activity – based costing. *Accounting, Organizations and Society*, 22 （2）, 105 – 122.

78. Granlund, M. , & Lukka, K. （1998）. It is a small world of management accounting practices. *Journal of Management Accounting Research*.

79. Grinyer, P. H. , & Norburn, D. （1975）. Planning for existing markets: perceptions of executives and financial performance. Journal of the Royal Statistical Society. Series A （General）, 70 – 97.

80. Gross, N. , Mason, W. S. , & McEachern, A. W. （1958）. Explorations in role analysis：Studies of the school super intendency role.

81. Gul, F. A. , & Chia, Y. M. （1994）. The effects of management accounting systems, perceived environmental uncertainty and decentralization on managerial performance：a test of three – way interaction. *Accounting, Organizations and Society*, 19 （4）, 413 – 426.

82. Gupta, A. K. , & Govindarajan, V. （1984）. Business unit strategy, managerial characteristics, and business unit effectiveness at strategy implementation. *Academy of Management journal*, 27 （1）, 25 – 41.

83. Hansen, A. , & Mouritsen, J. （2007）. Management accounting and changing operations management. Issues in management Accounting, 3, 3 – 25.

84. Hansen, D. R. , Mowen, M. M. , & Guan, L. （2009）. Cost Management：Accounting and Control：Accounting and Control. Cengage Learning.

85. Hedlund, G. （1994）. A model of knowledge management and the N – form corporation. *Strategic Management Journal*, 15 （S2）, 73 – 90.

86. Hemmer, T. （1996）. Allocations of sunk capacity costs and joint costs in a linear principal – agent model. *The Accounting Review*, 419 – 432.

87. Hilton, R. W. （1999）. Managerial accounting. Irwin/McGraw-Hill.

88. Hofstede, G. (1968) . The game of budget control (Assen: Van Gocum) .

89. Hölmstrom, B. (1979) . Moral hazard and observability. *The Bell Journal of Economics*, 74 – 91.

90. Hopper, T. M. (1980) . Role conflicts of management accountants and their position within organization structures. *Accounting, Organizations and Society*, 5 (4) , 401 – 411.

91. Horngren, C. T. , Foster, G. , Datar, S. M. , Harris, J. K. , & Curry, D. W. (1997) . Cost accounting: a managerial emphasis (Vol. 5) . New Jersey: Prentice Hall.

92. Horngren, C. T. , Sundem, G. L. , & Stratton, W. O. (1996) . Introduction to management accounting.

93. Indjejikian, R. J. , & Matějka, M. (2006) . Organizational slack in decentralized firms: The role of business unit controllers. *The Accounting Review*, 81 (4) , 849 – 872.

94. Indjejikian, R. J. , & Matějka, M. (2012) . Accounting decentralization and performance evaluation of business unit managers. *The Accounting Review*, 87 (1) , 261 – 290.

95. Indjejikian, R. , & Matějka, M. (2009) . CFO fiduciary responsibilities and annual bonus incentives. *Journal of Accounting Research*, 47 (4) , 1061 – 1093.

96. Inkson, J. H. , Pugh, D. S. , & Hickson, D. J. (1970). Organization context and structure: An abbreviated replication. *Administrative Science Quarterly*, 15 (3) .

97. Innes, J., & Mitchell, F. （1995）. Activity – based costing. *Issues in Management Accounting*, 115 – 36.

98. Ittner, C. D., & Larcker, D. F. （2008）. Extending the boundaries: nonfinancial performance measures. *Handbooks of Management Accounting Research*, 3, 1235 – 1251.

99. Jablonsky, S. F., & Keating, P. J. （1998）. Changing roles of financial management: integrating strategy, control, and accountability. Morristown, NJ: Financial Executives Research Foundation.

100. Jack, L., & Kholeif, A. （2008, March）. Enterprise resource planning and a contest to limit the role of management accountants: a strong structuration perspective. In Accounting Forum （Vol. 32, No. 1, pp. 30 – 45）. Elsevier.

101. Järvenpää, M. （2007）. Making business partners: a case study on how management accounting culture was changed. European Accounting Review, 16 （1）, 99 – 142.

102. Jensen, M. C., & Meckling, W. H. （1976）. Theory of the firm: Managerial behavior, agency costs and ownership structure. *Journal of financial economics*, 3 （4）, 305 – 360.

103. Jensen, M., & Meckling, W. （1992）. Knowledge, control and organizational structure: Parts I and II. Contract economics, 251 – 74.

104. Ji, X. D. （2001）. Development of accounting and auditing systems in China. Aldershot; Burlington, VT: Ashgate.

105. Johnson, H. T. （1994）. Relevance regained: total quality

management and the role of management accounting. Critical Perspectives on Accounting, 5 (3), 259 – 267.

106. Johnson, H. T. (2002). Relevance regained. Simon and Schuster.

107. Johnson, H. T. (1991). Relevance lost: the rise and fall of management accounting. Harvard Business Press.

108. Johnson, H. T. , & Kaplan, R. S. (1987). Relevance lost: the rise and fall of management accounting. Harvard Business School Press, Cambridge, MA.

109. Kahn, R. L. , Wolfe, D. M. , Quinn, R. P. , Snoek, J. D. , & Rosenthal, R. A. (1964). Occupational stress: studies in role conflict and ambiguity. New York: Wiley.

110. Kaplan, R. S. (1992). Measuring manufacturing performance: a new challenge for managerial accounting research. Springer US.

111. Kaye, G. (1988). The role of management accountants in information strategy. *Journal of information technology*, 3 (4), 251 – 264.

112. Klammer, T. P. , & McGowan, A. S. (1997). Satisfaction with activity – based cost management implementation. *Journal of Management Accounting Research*, (9), 217 – 237.

113. Krumwiede, K. R. (1998). The implementation steps of activity – based costing and the impact of contextual and organizational factors. *Journal of Management Accounting Research*.

114. Lambert, C. , & Sponem, S. (2012). Roles, authority and involvement of the management accounting function: a multiple case –

study perspective. *European Accounting Review*, 21 (3), 565 – 589.

115. Lambert, R. A. (2006). Agency theory and management accounting. *Handbooks of Management Accounting Research*, 1, 247 – 268.

116. Larcker, D. F. (1981). The perceived importance of selected information characteristics for strategic capital budgeting decisions. *The Accounting Review*, 56 (3), 519 – 538.

117. Lawrence, P. R., Lorsch, J. W., & Garrison, J. S. (1967). Organization and environment: Managing differentiation and integration. Boston: Division of Research, Graduate School of Business Administration, Harvard University.

118. Lawrence, T. B., Winn, M. I., & Jennings, P. D. (2001). The temporal dynamics of institutionalization. *Academy of Management Review*, 26 (4), 624 – 644.

119. Lawrence, T., Suddaby, R., & Leca, B. (2011). Institutional work: Refocusing institutional studies of organization. *Journal of Management Inquiry*, 20 (1), 52 – 58.

120. Lawrence, T. B., (2008). Power, institutions and organizations. In: Greenwood, R., Oliver, C., Suddaby, R., Sahlin, K. (Eds.), *Handbook of Organizational Institutionalism. Sage Publications Inc.*, London, 170 – 198.

121. Libby, T., & Waterhouse, J. H. (1996). Predicting change in management accounting systems. *Journal of Management Accounting Research*, 8, 137 – 150.

122. Loo, I. D., Verstegen, B., & Swagerman, D. (2011).

Understanding the roles of management accountants. *European Business Review*, 23 (3), 287 – 313.

123. Malmi, T., & Granlund, M. (2009). In search of management accounting theory. *European Accounting Review*, 18 (3), 597 – 620.

124. Matthews, D. Q. (1976). The design of the management information system (Vol. 10). Petrocelli/Charter.

125. Mattsson, L. G. (1987). Management of strategic change in a 'markets – as – networks' perspective. *The Management of Strategic Change*, 234 – 256.

126. Melumad, N. & Reichelstein, S. (1987). Centralization versus delegation and the value of communication. *Journal of Accounting Research*, 25 (1), 1 – 18.

127. Melumad, N. D., & Reichelstein, S. (1989). Value of communication in agencies. *Journal of Economic Theory*, 47 (2), 334 – 368.

128. Merchant, K. A. (1981). The design of the corporate budgeting system: influences on managerial behavior and performance. *The Accounting Review*, 56 (4), 813 – 829.

129. Merchant, K. A. (1985). Control in business organizations. Boston, MA: Pitman.

130. Mia, L., & Clarke, B. (1999). Market competition, management accounting systems and business unit performance. *Management Accounting Research*, 10 (2), 137 – 158.

131. Milgrom, P. R. , & Roberts, J. (1992) . Economics, organization and management (Vol. 7) . Englewood Cliffs, NJ: Prentice - hall.

132. Moers, F. (2006) . Doing archival research in management accounting. *Handbooks of Management Accounting Research*, 1, 399 – 413.

133. Mouritsen, J. , Hansen, A. , & Hansen, C. (2009) . Short and long translations: Management accounting calculations and innovation management. *Accounting, Organizations and Society*, 34 (6), 738 – 754.

134. Nagar, V. (2002) . Delegation and incentive compensation. *The Accounting Review*, 77 (2), 379 – 395.

135. Ni, F. , Yang, M. L. , & Cheng, K. C. (2012) . The impact of management accounting systems on the relationship between product innovation and organizational performance. SSRN.

136. Nicolaou, A. I. (2000) . A contingency model of perceived effectiveness in accounting information systems: Organizational coordination and control effects. *International Journal of Accounting Information Systems*, 1 (2), 91 – 105.

137. O' Connor, N. G. , Deng, J. & Luo, Y. D. (2006). Political constraints, organization design and performance measurement in China' s state - owned enterprises. *Accounting Organizations and Society*, 31 (2), 157 – 177.

138. O'Connor, N. G. , Chow, C. W. , & Wu, A. (2004) . The adoption of "Western" management accounting/controls in China's state –

owned enterprises during economic transition. *Accounting, Organizations and Society*, 29 (3), 349 – 375.

139. Otley, D. T. (1980). The contingency theory of management accounting: achievement and prognosis. *Accounting, Organizations and Society*, 5 (4), 413 – 428.

140. Perrow, C., & Perrow, C. (1970). Organizational analysis: A sociological view. London: Tavistock Publications.

141. Pfeffer, J., & Leblebici, H. (1973). Executive recruitment and the development of interfirm organizations. *Administrative Science Quarterly*, 449 – 461.

142. Pierce, B., & O Dea, T. (2003). Management accounting information and the needs of managers: perceptions of managers and accountants compared. *The British Accounting Review*, 35 (3), 257 – 290.

143. Russell, K. A., Siegel, G. H., & Kulesza, C. S. (1999). Counting more counting less transformations in the management accounting profession. *Management Accounting Quarterly*, 1 (1), 1 – 7.

144. Scapens, R. W., & Jazayeri, M. (2003). ERP systems and management accounting change: opportunities or impacts? A research note. *European Accounting Review*, 12 (1), 201 – 233.

145. Scott, W. R. (1997). Financial accounting theory (Vol. 3, pp. 335 – 360). Upper Saddle River, NJ: Prentice Hall.

146. Scott, W. R. (2001). Institutions and organizations. Sage.

147. Shank, J. K., & Govindarajan, V. (1989). Strategic cost analysis. Homewood, Illinois: Irwin.

148. Shields, M. D. （1995）. An empirical analysis of firms' implementation experiences with activity – based costing. *Journal of Management Accounting Research*, 7 （1）, 148 – 165.

149. Shields, M. D. （1995）. An empirical analysis of firms' implementation experiences with activity – based costing. *Journal of Management Accounting Research*, 7 （1）, 148 – 165.

150. Siegel, G. , & Sorensen, J. E. （1999）. Counting more, counting less: transformation in the management accounting profession: the 1999 practice analysis of management accounting. Montvale, NJ: Institute of Management Accountants.

151. Simon, H. A. , Guetskow, H. , Kozmetsky, G. & Tyndall, G. （1954）. Centralization vs. decentralization in organizing the controller's department. New York, NY: Controllership Foundation.

152. Sorensen, J. E. （2009）. Management accountants in the United States: practitioner and academic views of recent developments. In: Chapman, C. S. , Hopwood, A. G. , Shields, M. D. （Eds.）, *Handbook of Management Accounting Research*. Elsevier, Amsterdam, pp. 1271 – 1296.

153. Thomas, J. H. , & Kaplan, R. S. （1987）. Relevance lost: the rise and fall of management accounting. *Harvard Business School Press*, Cambridge, MA.

154. Thompson, J. D. （1996）. Organizations in action. Classics of Organization Theory, eds. Shafritz, JM and Ott, JS, Harcourt Brace, Orlando, FL.

155. Tsamenyi, M. , Cullen, J. , & González, J. M. G. (2006). Changes in accounting and financial information system in a Spanish electricity company: a new institutional theory analysis. Management Accounting Research, 17 (4), 409 – 432.

156. Van der Stede, W. A. , Mark Young, S. , & Chen, C. X. (2006) . Doing management accounting survey research. *Handbooks of Management Accounting Research*, 1, 445 – 478.

157. Van der Stede, W. A. , Young, S. M. , & Chen, C. X. (2005) . Assessing the quality of evidence in empirical management accounting research: the case of survey studies. *Accounting, Organizations and Society*, 30 (7), 655 – 684.

158. Verstegen, B. , De Loo, I. , Mol, P. , Slagter, K. , & Geerkens, H. (2007) . Classifying controllers by activities: an exploratory study. *Journal of Applied Management Accounting Research*, 6, 9 – 32.

159. Waterhouse, J. H. , & Tiessen, P. (1978) . A contingency framework for management accounting systems research. *Accounting, Organizations and Society*, 3 (1), 65 – 76.

160. Watson, D. J. (1974) . Contingency formulations of organizational structure: implications for managerial accounting.

161. Weick, K. E. , The Social Psychology of Organizing (Addison-Wesley, 1969) .

162. Weitzel, J. R. , & Graen, G. B. (1989) . System Development Project Effectiveness: Problem – Solving Competence as a Moderator

Variable. *Decision Sciences*, 20（3）, 507 – 531.

163. Young, S. M. （1996）. Survey research in management accounting：a critical assessment. In：A. J. Richardson （Ed.）, Research Methods in Accounting：Issues and Debates. CGA Canada：Research Foundation.

164. Zimmerman, J. L. （2000）. Accounting for decision making and control. Boston：Irwin/McGraw – Hill.

165. Zimmerman, J. L. （2001a）. Conjectures regarding empirical managerial accounting research. *Journal of Accounting and Economics*, 32（1）, 411 – 427.

166. Zimmerman, J. L. （2001b）. Can American business schools survive. Simon School of Business Working Paper No. FR 01 – 16. 478

167. 陈永霞，贾良定，李超平，等. 变革型领导，心理授权与员工的组织承诺：中国情景下的实证研究 ［J］. 管理世界, 2006（1）：96 – 105.

168. 陈震彬，倪武帆. 现代管理会计信息的质量特征探析 ［J］. 武汉科技学院学报, 2000（2）：21.

169. 程德兴，魏萍. 财务会计概念框架逻辑起点研究述评 ［J］. 财会通讯（学术版）, 2006（2）：27.

170. 程仲鸣，夏新平，余明桂. 政府干预、金字塔结构与地方国有上市公司投资 ［J］. 管理世界, 2009（9）：37 – 47.

171. 崔瑛. 论管理会计信息特征及其外部作用 ［J］. 商场现代化, 2007（12Z）：350.

172. 杜荣瑞，肖泽忠，周齐武，等. 管理会计与控制技术的应用及其与公司业绩的关系 [J]. 会计研究, 2008 (9): 39 – 46.

173. 杜荣瑞, 肖泽忠, 周齐武. 中国管理会计研究述评 [J]. 会计研究, 2009 (9): 72 – 80.

174. 方军雄. 政府干预、所有权性质与企业并购 [J]. 管理世界, 2009 (9): 118 – 123.

175. 冯巧根. 管理会计应用与发展的典型案例研究: 一种理论与实践综合的视角 [M]. 北京: 经济科学出版社, 2002.

176. 冯巧根. 组织结构变迁对管理会计研究的影响 [J]. 会计研究, 2000 (3): 24 – 30.

177. 冯巧根. 组织结构变迁对管理会计研究的影响 [J]. 会计研究, 2000 (3): 4.

178. 葛家澍, 唐予华. 关于会计定义的探讨 [J]. 会计研究, 1983 (4): 26 – 30.

179. 胡美琴, 张爱民. 分权制对管理会计信息的影响 [J]. 四川会计, 2003 (1): 20 – 21.

180. 胡玉明. 高级管理会计 [M]. 厦门: 厦门大学出版社, 2005.

181. 胡玉明. 会计理论研究应从"取经"到"造经" [J]. 财会通讯: 综合 (上), 2010 (2): 10 – 11.

182. 胡玉明. 中国企业成本管理的制度变迁与解释: 1949—1999 [M] // 中国会计与财务问题国际研讨会论文集. 北京: 中国财政经济出版社, 2002.

183. 吉利, 毛洪涛, 王子亮, 等. 任务不确定性对管理控制系统的影响及其作用机理——基于在中国国有大型铁路施工企业的实

地研究 [J]. 会计研究, 2011 (4): 52 - 60.

184. 冷文, 付家良. 论现代企业财务的分权分层管理 [J]. 工业技术经济, 2008 (1).

185. 李天民. 现代管理会计学 [J]. 上海: 立信会计出版社, 1996.

186. 李志强. 对集权式与分权式财务治理的思考 [J]. 上海会计, 2003 (10): 14.

187. 林毅夫, 蔡昉, 李周. 充分信息与国有企业改革 [M]. 上海: 上海三联书店, 1997.

188. 刘海建, 陈传明. 企业组织资本、战略前瞻性与企业绩效: 基于中国企业的实证研究 [J]. 管理世界, 2007 (5): 83 - 93.

189. 刘莉, 王芳. 论国有企业财务的分权分层管理 [J]. 财政与发展, 2002 (2): 9.

190. 罗党论, 唐清泉. 政治关系、社会资本与政策资源获取: 来自中国民营上市公司的经验证据 [J]. 世界经济, 2009 (7): 84 - 96.

191. 罗宏. 集团公司财务管理模式的合理选择 [J]. 企业经济, 2001 (6): 67 - 68.

192. 毛洪涛, 王新. 代理理论、经理层行为与管理会计研究——基于代理理论的管理会计研究综述 [J]. 会计研究, 2008 (9): 47 - 54.

193. 孟焰. 管理会计理论框架研究 [M]. 大连: 东北财经大学出版社, 2007.

194. 欧阳清. 我国成本管理改革的回顾和展望 [J]. 会计研

究，1998 (5)：21 - 24.

195. 潘飞. 中国管理会计研究如何走向世界 [J]. 上海立信会计学院学报，2008，22 (5)：8 - 14.

196. 潘红波，夏新平，余明桂. 政府干预、政治关联与地方国有企业并购 [J]. 经济研究，2008，4 (1)：41 - 52.

197. 裴伯英. 论现代企业财务的分权分层管理 [J]. 会计研究，1998 (1).

198. 苏琴. 组织结构下高校会计信息质量的思考 [J]. 教育财会研究，2011 (6)：62 - 64.

199. 孙茂竹. 管理会计理论的思考与架构 [M]. 北京：中国人民大学出版社，2002：26 - 27.

200. 孙永玲，毕意文. 平衡记分卡中国战略实施 [M]. 北京：机械工业出版社，2003.

201. 孙铮，刘凤委，李增泉. 市场化程度、政府干预与企业债务期限结构 [J]. 经济研究，2005，5 (5)：52 - 63.

202. 汪成兴. 我国管理会计信息质量特征体系研究 [J]. 知识经济，2009 (10)：59 - 59.

203. 王棣华. 管理会计原则探讨 [J]. 广西财务与会计，1990 (9)：4.

204. 王芳，陈升阳. 试论国有企业财务的分权分层管理 [J]. 天中学刊，2002，17 (1)：25 - 27.

205. 王平心，于洪涛. 作业成本法的产生及其新发展 [J]. 西安交通大学学报（社会科学版），2001，21 (1)：30 - 34.

206. 王新，毛洪涛，曾静. 成本管理信息租金、内部冲突与控制绩效——基于施工项目的实验研究 [J]. 会计研究, 2012 (8): 25 - 33.

207. 文东华, 潘飞, 杨玉龙, 等. 市场竞争强度、管理控制系统与企业业绩 [J]. 财经研究, 2012 (6): 9.

208. 吴敬琏. 发展中小企业是中国的大战略 [J]. 宏观经济研究, 1999 (7): 3 - 7.

209. 吴明隆. 结构方程模型: AMOS 的操作与应用 [M]. 重庆: 重庆大学出版社, 2010.

210. 夏立军, 方轶强. 政府控制、治理环境与公司价值 [J]. 经济研究, 2005 (5): 40 - 51.

211. 谢建宏. 企业集团资金集中管理问题探讨 [J]. 会计研究, 2009 (11): 44 - 48.

212. 熊焰韧, 苏文兵. 管理会计实践发展现状与展望 [J]. 会计研究, 2008 (11): 84 - 90

213. 绪缨. 会计理论与现代管理会计研究 [M]. 北京: 中国财政经济出版社, 1989.

214. 易丹辉. 结构方程模型: 方法与应用 [M]. 北京: 中国人民大学出版社, 2008.

215. 于增彪, 张双才. 国企绩效评价体系: 逆向演进特征及误区 [J]. 财务与会计 (理财版), 2007 (9): 48 - 50.

216. 袁琳. 资金集中结算: 制度完善与风险控制 [J]. 会计研究, 2005 (9): 57 - 62.

217. 张维迎. 所有制、治理结构及委托—代理关系 [J]. 经济研究, 1996, 9 (3): 3 - 15.

218. 张小丽. 试论组织分权化对企业内部会计控制的影响及对策 [J]. 山西财经大学学报, 2006, 28 (1): 103 – 103.

219. 张彦茹. 企业分权管理的建立, 责任会计制的思考 [N]. 河北经济日报, 2001 – 07 – 19.

220. 张彦茹. 实行分权管理建立责任会计的思考 [J]. 河北企业, 2001 (4): 31 – 31.

221. 张会丽, 吴有红. 企业集团财务资源配置、集中程度与经营绩效——基于现金在上市公司及其整体子公司间分布的研究 [J]. 管理世界, 2011 (2): 100 – 108.

222. 周蕊. 浅谈组织结构变迁对管理会计的影响 [J]. 现代经济信息, 2012 (11): 191 – 195.

223. 庄守鑫. 论管理会计原则 [J]. 上海会计, 2000 (10).

附　录

附录1：

编号：＿＿＿＿

尊敬的女士/先生：

您好！

我们是西南财经大学课题组成员，目前承担国家自然科学基金"管理会计报告决策价值及其作用机理研究——基于呈报格式、任务特征和决策者认知"的研究任务。为设计高效、实用的管理会计信息系统（包括公司预算系统、成本管理系统及业绩评价系统），我们必须深刻认识我国管理会计信息系统设计现状以及管理会计师在系统设计和运行中所扮演的角色。因此，课题组需要对我国管理会计信息系统现状进行问卷调查，您在公司管理领域的真知灼见将对本课题的研究起到至关重要的作用，衷心希望您能予以支持。我们基于已有文献与实地访谈资料设计本问卷，希望您根据会计工作实践经验认真、客观填答。

本问卷的调查层次定位于公司业务单元（包括集团公司的分公司、子公司、项目部或者其他事业部）。如果您在集团总部工作，请就您熟悉的分公司、子公司、项目部或事业部的管理会计信息系统情况以及下级单位的管理会计师情况进行填答。如果本问卷的调查数据有缺失，我们将不能使用该份问卷数据，您的真知灼见就不能反映在我们的分析结果中，我们则会损失一个宝贵的调查样本。因此希望您能够完整地回答本问卷的每一个题项。本问卷题项的答案没有对错之分，您只需要根据您所在公司的实际情况或者您的第一反应来回答即可。填写问卷时，请您用黄色荧光笔标注对应选项！

本次调查从 2013 年 10 月 27 日启动，请您于 12 月 22 日前填妥问卷，并回复至邮箱：380405150@qq.com / dengxinxinbofu@hot-mail.com 。

我们郑重承诺：调查涉及的全部资料仅供研究之用，决不私自挪作他用，您所填写的一切内容，也将绝对保密。如有需要，我们会把最终研究成果反馈给您，希望能为贵公司业绩评价实践提供帮助！

衷心感谢您的支持！

祝贵公司事业蒸蒸日上！

西南财经大学课题组

2013 年 06 月

A. 公司基本信息

请用黄色荧光笔标注你所认为合适的选项，如果您是 Office2013

版本，黄色荧光笔见开始中的（ ˪ ▾ ᵃᵇⱼ ▾ 𝐀 ▾ ）。本问卷定位于公司中层，即公司内部的分公司、子公司或事业部。

A1. 贵公司是否为上市公司？　　□是　□否

A2. 贵公司成立时间：　　　　　　年（您任职或熟悉的中层单位的成立时间）

A3. 贵公司的企业所有制性质：

□国有独资或国有控股企业　□民营企业　□中外合资企业□外资企业

A4. 贵公司主要业务所属行业类型：

□制造业 □农、林、牧、渔业　□采掘业　□电力、煤气及水的生产和供应业　□建筑业　□交通运输、仓储业　□信息技术业　□批发和零售贸易业　□金融、保险业　□房地产业　□社会服务业　□传播与文化产业　□综合类

若贵公司属于制造业，请问属于制造业中哪个细分行业？（若不是制造业，则不需回答本题）

□食品、饮料　□纺织、服装、皮毛　□木材、家具　□造纸、印刷　□石油、化学、塑胶、塑料　□电子　□金属、非金属　□机械、设备、仪表　□医药、生物制品 □其他

A5. 贵公司现有员工人数：　　　　人（您任职或熟悉的中层单位的员工人数，可以大致填写）

B. 组织结构与会计分权

请根据贵公司上级单位对分公司、子公司子公司经理或者项目负责人的实际授权情况，以及贵公司上级单位对分公司、子公司或者项目部会计部门的实际授权情况，客观判断每项描述的具体授权程度，请在相应分值上用黄色荧光笔标注。答案分为六个等级，1到6程度依次递增。

编号	组织分权	1（完全不符）——6（完全相符）					
B1	自主开发新的产品或者服务的权力	1	2	3	4	5	6
B2	自主的人事权力	1	2	3	4	5	6
B3	自主的投资权力	1	2	3	4	5	6
B4	自主的预算权力	1	2	3	4	5	6
B5	自主的定价权力	1	2	3	4	5	6
B6	自主的贷款权力	1	2	3	4	5	6
B7	自主的采购权	1	2	3	4	5	6
B8	自主的广告投入权力	1	2	3	4	5	6
B9	对雇用人员的薪酬设计	1	2	3	4	5	6
B10	对雇用人员的培训	1	2	3	4	5	6
B11	开设新的部门	1	2	3	4	5	6
编号	会计分权	1（完全不符）——6（完全相符）					
B12	自主决定如何分配制造费用	1	2	3	4	5	6
B13	自主决定如何分配销售成本	1	2	3	4	5	6
B14	自主决定公司内部转移定价	1	2	3	4	5	6
B15	自主决定资本化或费用化支出	1	2	3	4	5	6
B16	自主决定存货估值	1	2	3	4	5	6
B17	自主编制各营业区间预算	1	2	3	4	5	6
B18	自主制订短期财务计划	1	2	3	4	5	6

B19. 以下哪项最能体现贵公司的规范实际工作任务的特点？

（任务明确且有充分　　　　　1　2　3　4　5　6　　　　（任务不明确，没有明

的业绩量化指标）　　　　　　　　　　　　　　　　　　确的业绩量化指标）

B20. 贵公司是否有相应的员工手册？有____没有____，如果有

（公司手册详尽具体，　　　　　　　　　　　　　（只有基本的权责，

有充分的细节保证　　　1　2　3　4　5　6　很多具体细节

工作任务明确）　　　　　　　　　　　　　　没有明确）

B21. 很多经验管理决策：

（高层管理者做出）1　2　3　4　5　6（低层管理者做出）

B22. 贵公司的高层管理风格：

（遵照同一种风格）1　2　3　4　5　6（包容不同的风格）

C. 管理会计师角色定位与明晰性

请根据您对贵公司会计工作了解的实际情况，客观判断每项描述与贵公司实际相符的程度，请在相应分值上用黄色荧光笔标注。答案分为六个等级，1 到 6 程度依次递增。

	管理会计师角色	1（完全不符）——▸6（完全相符）					
C1	我的工作需要和所在部门经理或者其他上级领导充分沟通以了解他们的需求	1	2	3	4	5	6
C2	我（其他会计主管）经常参与公司日常经营管理的决策	1	2	3	4	5	6
C3	我的工作富有较强的挑战性，不仅需要运用我的专业知识，而且需要我充分了解公司其他部门的运营状况	1	2	3	4	5	6
C4	我与我的会计部门经常需要与其他部门合作完成某项任务	1	2	3	4	5	6

续表

	管理会计师角色	1（完全不符） ——→6（完全相符）					
C5	我必须充分收集市场行业信息，同时了解本公司发展战略及当期运营状况	1	2	3	4	5	6
C6	我充分理解我的工作和职责	1	2	3	4	5	6
C7	我充分理解我的工作对于公司的意义	1	2	3	4	5	6
C8	我希望我的工作取得一定成绩	1	2	3	4	5	6
C9	我充分理解我的工作的考核标准	1	2	3	4	5	6
C10	我充分理解如何分配我的时间	1	2	3	4	5	6
C11	我充分理解如何完成我的具体工作任务	1	2	3	4	5	6
C12	我当前工作的方式正确合适	1	2	3	4	5	6
C13	就我工作整体而言，我已经完全胜任该项工作	1	2	3	4	5	6
	管理工作参与度	1（完全不参与） ——→6（完全参与）					
C14	战略制定	1	2	3	4	5	6
C15	新产品发布	1	2	3	4	5	6
C16	过时产品退出市场的讨论	1	2	3	4	5	6
C17	公司资源分配	1	2	3	4	5	6
C18	财务决策	1	2	3	4	5	6
C19	市场决策	1	2	3	4	5	6
C20	生成决策	1	2	3	4	5	6
C21	人事决策	1	2	3	4	5	6
C22	资本预算决策	1	2	3	4	5	6
	管理会计工作参与度	1（完全不参与） ——→6（完全参与）					
C23	经常编制回顾性报告	1	2	3	4	5	6
C24	参与公司内部控制系统设计	1	2	3	4	5	6
C25	为第三方提供必要信息	1	2	3	4	5	6

	管理会计工作参与度	1（完全不参与）——→6（完全参与）					
C26	我的工作较大地支持了本公司高层管理者的工作	1	2	3	4	5	6
C27	我的工作对会计信息系统有较大影响	1	2	3	4	5	6
C28	我的工作可以充分支持公司内部变革	1	2	3	4	5	6
C29	我需要为管理层特定的需求准备报告	1	2	3	4	5	6
C30	我需要通过内部控制保护公司资产	1	2	3	4	5	6
C31	我需要与公司上下级充分交流信息	1	2	3	4	5	6
C32	我需要用规范的财务程序处理公司财务信息	1	2	3	4	5	6
C33	我需要时常分析公司业绩的影响因素	1	2	3	4	5	6
C34	我在公司或者部门内部领导了部分工作	1	2	3	4	5	6

D. 管理会计信息有用性

请根据贵公司管理会计报告（预算报告、成本分析及控制报告、决算报告及业绩评价报告）编制的实际情况，客观判断下列描述与公司实际情况相符的程度，请在相应分值上用黄色荧光笔标注。答案分为六个等级，1 表示贵公司编制的管理会计报告与此表述"完全不符"；6 表示贵公司编制的管理会计报告与此表述"完全相符"。

编号	管理会计信息质量特征（相关性）	1（完全不符）——→6（完全相符）					
D1	贵公司管理会计需要充分收集与未来相关联的信息（如果只需要充分收集历史信息则选择完全不符）	1	2	3	4	5	6

编号	管理会计信息质量特征（相关性）	1（完全不符）——→6（完全相符）					
D2	贵公司管理会计需充分量化未来可能出现的情况（概率估算）	1	2	3	4	5	6
D3	贵公司管理会计需要充分量化非经济因素（如顾客偏好、员工态度、政企关系、消费者结构以及市场竞争威胁等）	1	2	3	4	5	6
D4	贵公司管理会计需要收集广泛的公司外部因素（如经济现状、人口增长、技术进步等）	1	2	3	4	5	6
D5	贵公司管理会计需要提供充分的生产信息（如生产率、废品率、整机效率及员工缺勤率等）	1	2	3	4	5	6
D6	贵公司管理会计需要提供充分的市场信息（如市场规模及增长份额等）	1	2	3	4	5	6
D7	当上级有需求时总是可以第一时间提供相应的管理会计信息	1	2	3	4	5	6
D8	当收到上级的命令时，贵公司将自动进行信息处理并编制成管理会计报告，并适时提供给上级或其他管理层	1	2	3	4	5	6
D9	贵公司需要定期编制系统的管理会计报告以提供给上级或其他管理层	1	2	3	4	5	6
D10	当有突发情况时，管理会计总可以第一时间向上级报告详尽信息	1	2	3	4	5	6
D11	贵公司管理会计需要从公司不同部门或者责任中心（如成本中心、费用中心等）充分收集信息	1	2	3	4	5	6

编号	管理会计信息质量特征（相关性）	1（完全不符）—→6（完全相符）					
D12	贵公司管理会计需要反映特定时间段内发生的特定事件的经济后果	1	2	3	4	5	6
D13	贵公司管理会计需要为不同的目标或者项目加工处理源自公司不同部门或者责任中心的数据以服务于管理层	1	2	3	4	5	6
D14	贵公司管理会计需要综合分析项目对公司不同职能部门的影响（如与特有活动事项或者任务相关的营销或生产）	1	2	3	4	5	6
D15	贵公司管理会计需要为上级提供"假设分析"或者"可行性分析"报告	1	2	3	4	5	6
D16	贵公司管理会计在格式上需要运用一些决策模型（如折现现金流模型、边际分析、存货分析及公司信贷政策等）	1	2	3	4	5	6
D17	上级或者其他管理层根据管理会计信息所做出的决策将会影响整个部门甚至整个责任中心	1	2	3	4	5	6
D18	管理会计信息可以帮助部门中的每个层面明确自己的行动目标	1	2	3	4	5	6
D19	管理会计信息可以影响到经理人与公司最终业绩相关的决策	1	2	3	4	5	6

E. 经营不确定性与政府干预

请根据贵公司外部环境的实际情况，客观判断下列描述与公司实际情况相符的程度，请在相应分值上用黄色荧光笔标注。答案分为六个等级，1表示贵公司面临的外部环境与此表述"完全不符"；

6 表示贵公司面临的外部环境与此表述"完全相符"。

编号	外部环境	1（完全不符）——→6（完全相符）					
E1	贵公司的客户需求与偏好经常发生变化	1	2	3	4	5	6
E2	贵公司的原材料采购价格经常发生变化	1	2	3	4	5	6
E3	贵公司所处行业竞争对手对市场发生的变化反应迅速	1	2	3	4	5	6
E4	本行业的生产技术升级换代快速	1	2	3	4	5	6
E5	本行业所面临的未来经济形势复杂多变	1	2	3	4	5	6
E6	贵公司产品在国际市场上的需求量和价格经常发生变化	1	2	3	4	5	6
E7	政府对贵公司所在行业负有重大责任	1	2	3	4	5	6
E8	贵公司设有党员代表或者党委书记等相关职位	1	2	3	4	5	6
E9	贵公司主要领导由政府单位任命	1	2	3	4	5	6
E10	贵公司党委书记可以任命成本与利润中心经理	1	2	3	4	5	6
E11	贵公司党委书记可以提拔成本与利润中心经理	1	2	3	4	5	6
E12	贵公司党委书记可以开除成本与利润中心经理	1	2	3	4	5	6
E13	政府相关单位经常发布与贵公司经营相关的文件	1	2	3	4	5	6
E14	政府相关单位经常要求贵公司上报与经营管理相关的文件	1	2	3	4	5	6

F. 市场竞争程度

请根据贵公司所在行业的实际情况客观地为下列陈述进行打分，请在相应分值上用黄色荧光笔标注。答案分为六个等级，1 和 6 分别代表两种极端的形式，1 到 6 程度依次递增或递减。

F1. 贵公司竞争对手数量：

（几乎没有）1　　2　　3　　4　　5　　6（非常多）

F2. 贵公司所在行业生产技术更新速度：

（非常慢）1　　2　　3　　4　　5　　6（非常快）

F3. 贵公司所在行业新产品/服务出现的速度：

（非常慢）1　　2　　3　　4　　5　　6（非常快）

F4. 贵公司所在行业价格竞争程度：

（几乎不降价）1　　2　　3　　4　　5　　6（价格战很激烈）

F5. 贵公司产品或服务占所在行业的市场份额：

（非常小）1　　2　　3　　4　　5　　6（非常大）

F6. 贵公司所在行业销售渠道竞争程度：

（销售渠道非常少）1　　2　　3　　4　　5　　6（销售渠道非常多）

F7. 贵公司所在行业受政府管制程度：

（不受管制）1　　2　　3　　4　　5　　6（完全管制）

G. 公司经营战略

请根据贵公司的实际情况，客观判断每项描述与公司实际相符的程度，请在相应分值上用黄色荧光笔标注。答案分为六个等级，1

到 6 程度依次递增。

编号	公司经营战略描述	1（完全不符）——→6（完全相符）					
G1	贵公司具有冒险精神，总是试图开拓新的市场	1	2	3	4	5	6
G2	贵公司在进入新的市场时总是试图成为行业领先者	1	2	3	4	5	6
G3	贵公司经常推出新的产品或对已有产品进行升级换代	1	2	3	4	5	6
G4	贵公司很重视对市场的研究，并对市场信号做出快速反应	1	2	3	4	5	6
G5	贵公司很重视产品研发，并投入大量研发资金	1	2	3	4	5	6
G6	贵公司强调员工的创新思维与学习能力	1	2	3	4	5	6

H. 组织内部依存度

请根据贵公司的实际情况，客观判断每项描述与公司实际相符的程度，请在相应分值上用黄色荧光笔标注。答案分为六个等级，1 到 6 程度依次递增。

编号	公司经营战略描述	1（完全不符）——→6（完全相符）					
H1	各个部门（子公司）之间需要相互充分交流	1	2	3	4	5	6
H2	上级部门（母公司）需要经常了解下级部门（子公司）的状况	1	2	3	4	5	6
H3	下级部门（子公司）需要经常了解上级公司（母公司）的状况	1	2	3	4	5	6

续表

编号	公司经营战略描述	1（完全不符）——→6（完全相符）					
H4	上级部门（母公司）的工作会影响下级部门（子公司）的工作情况	1	2	3	4	5	6
H5	下级部门（子公司）的工作会影响上级公司（母公司）的工作情况	1	2	3	4	5	6
H6	上级部门（母公司）的工作业绩需要充分依靠下级部门（子公司）的工作业绩	1	2	3	4	5	6

I. 组织创新

请根据贵公司的实际情况，客观判断每项描述与公司实际相符的程度，请在相应分值上用黄色荧光笔标注。答案分为六个等级，1到6程度依次递增。

编号	组织创新	1（完全不符）——→6（完全相符）					
I1	贵公司非常强调新产品研究和开发、技术更新及其他创新	1	2	3	4	5	6
I2	贵公司在过去 5 年内有上马新的产品线或开拓新的服务领域	1	2	3	4	5	6
I3	贵公司在过去 5 年内产品线的变化或者服务模式变化非常大	1	2	3	4	5	6
I4	相对于行业平均水平，贵公司新产品占比是多少（如果高于行业平均则选择6，远低于行业平均则选1）	1	2	3	4	5	6

J. 问卷填写人信息

请在相应选项上用黄色荧光笔标注，或在横线上直接填写。

J1. 性别：□男　　　　□女

J2. 学历：□大专以下　□大专　□本科　□硕士　□博士

J3. 部门：

□会计/财务　□综合管理　□生产制造　□人力资源　□研究开发

□项目管理　□营销/销售　□行政/后勤　□其他

M4. 职位：□高层管理者　□中层管理者　□基层管理者　□其他

M5. 您在目前公司工作年限：＿＿＿年

M6. 您任现职年限：＿＿＿＿年

问卷填写已完成，再次感谢您的支持与合作！

后　记

从 2013 年 8 月至 2014 年 3 月底，经历了长达 7 个多月的努力，我的博士论文终于定稿了！回首论文写作的这段时光，其中的艰辛与酸楚可能只有真正写过博士论文的人才能够体味。

在我完成博士论文主体部分的 2013 年，可谓是管理会计的一年。这一年，管理会计界发生了许多大事，先是年初的时候，我国财政部将管理会计列入今后会计改革与发展的重点方向，并积极采取有效措施加强管理会计相关制度建设，加快管理会计人才培养。紧接着 2013 年 8 月 16 日，财政部为全面推进我国管理会计体系建设，发布并实施了《企业产品成本核算制度（试行）》。到了这一年年末，我又获悉全球两大专业会计师组织英国皇家特许管理会计师公会（CIMA）与美国注册会计师协会（AICPA）会在近期发布由它们共同制定的《全球管理会计原则（征求意见稿）》。对于一个有志于研究管理会计的博士研究生来讲，在完成博士论文的过程中能获得如此多的利好消息，实属一大幸事。为此身边的同学纷纷表示美慕，无不感叹我的研究领域已经迎来了春天。当然，我自己也倍感欣慰，自己所研究的领域获得了如此大的认同。

　　其实，我从本科开始到博士，所学专业一直都是会计，我非常热爱自己的专业，因而在面临博士论文选题时，自然也希望能在自己的专业领域有所建树。而之所以选择《会计分权下的管理会计师角色转变与信息决策有用性研究》作为博士论文的题目，我不得不首先感谢我的导师毛洪涛教授。得益于导师的自科基金课题"管理会计报告决策价值及其作用机理研究——基于呈报格式、任务特征和决策者认知"（71172228），我的论文选题方向并没有经历过多的波折与纠结。在导师的指导下，我很快从导师的课题中选择了一个子课题，即管理会计报告运用及管理会计信息的决策价值实地调查研究。经过一段时间对于文献的阅读，我发现以往研究对于管理会计信息的基本质量特征并没有定论，规范研究与实证研究所提出的管理会计信息质量特征之间具有较大的差异。因而，我将论文题目拟为《管理会计信息质量影响因素及决策价值研究》。我希望通过问卷调查研究，探索性地提炼出管理会计信息的决策有用性质量特征，同时通过问卷调查进一步探索管理会计信息质量特征的影响因素和对于管理决策的影响。然而，经过开题答辩以后，综合了答辩专家的意见，我意识到，与很多初涉研究的博士生一样，我也犯了研究题目过大、研究设计过于空泛、研究内容不接地气的毛病。总结起来，我的博士论文最初的选题与研究设计存在的本质问题就是没有抓住导师设计课题的精髓。

　　我的导师毛洪涛教授非常强调管理会计的学术发展需要"研究问题的本土化，研究范式的国际化"。他提倡从中国的管理会计实践入手，以实证研究的方法与思路探索中国制度背景下的管理会计真问题。当我理解了导师这句话的内涵时，我的思路豁然开朗。导师在设计课题的框架时，不仅已经充分考虑了中国制度背景，还在传统的从外部环境到管理会计信息决策价值的研究逻辑链条中，引入"人"的因素，即不同管理会计信息使用者和编制者的个人认知水平。这便是导师课题的精髓之所在。基于此，研究管理会计信息的决策有用性，一方面不能脱离企业管理会计实践所处的具体环境，即必须将管理会计信息系统纳入一个具体的情景中进行研究；另一方面，不可忽视管理会计师在企业经营管理中所扮演的角色，即组织内部不同角色定位的管理会计师对于管理会计信息的决策有用性的影响。

本书之所以选择研究会计分权下的管理会计实践，不得不感谢课题组的吉利老师。在开题以后，她不仅帮助我分析总结了答辩专家的意见，还多次提出了富有建设性的意见。她建议我跳出文献的桎梏，走向企业进行实地调研管理会计报告以及管理会计信息决策有用性，争取从真实的管理会计实践中提炼出真正影响管理会计信息系统实践的情景因素。之后，在多次与 ZTEJ 从事成本管理的会计人员交流后，我渐渐地意识到，对于项目部管理人员来讲，成本管理方式的自主性对于成本控制实践发挥着非常关键的作用，也就是管理会计师的自主权力会直接影响其发挥决策支持的作用。同时，从以往研究中，我还进一步了解到，特别是在经营业务单元内，企业经营管理权力分配方式直接制约管理会计信息的决策有用性（Chenhall and Morris，1986）。然而，以往文献却忽视了，对于上级单位与下级单位来讲，会计信息系统的设立本身也是一种权力，且其不同的分配方式对于管理会计师乃至管理会计信息系统将具有更直接的影响。那么，如何度量这种下级单位的会计信息系统设计的自主权力呢？非常幸运的是，Indjejikian and Matějka（2012）已经在研究管理会计信息中的业绩评价信息的决策有用性时提出了会计分权（Accounting Decentralization）的概念，这个概念正好拟合了我对于会计信息系统设计与建立的自主权力的想法。所谓会计分权是指，上级单位分配给下属经营业务单元与会计相关的决策权力，包括经营业务单元在多大程度上具有自主设计自身内部会计信息系统和选择与自身经营业绩相关的会计政策等权力，即经营业务单元在会计方面有多大的自由度。且，Indjejikian and Matějka（2012）在实地调研中，也直接提出了，更大的会计信息系统设计与建立的自主权力，会有利于增强管理会计信息系统提供的信息决策有用性。这进一步坚信了我以会计分权作为全书的研究视角与切入点，研究不同的会计权力分配模式，管理会计师的角色以及管理会计信息的决策有用性。

综上，经过与导师、课题组成员以及开题答辩专家的多次讨论，我才渐渐地将研究的视野聚焦下来，完成研究的设计，并最终将论文题目定为《会计分权下的管理会计师角色转变与信息决策有用性研究》。

此外，在整个博士论文写作过程中，长期困扰我的一个问题就是如何在理论上打通"外部环境影响因素（外部环境情景因素）—内部环境影响因素（内部环境情景因素）—会计分权—管理会计师角色—管理会计信息决策有用性"的逻辑链条。研究管理会计信息决策有用性一般基于的是权变理论，研究管理会计师角色一般基于的是制度理论，那么要将会计分权与管理会计师角色和管理会计信息决策价值结合起来应该用什么理论作为基础呢？经过很长时间的思考，我得出结论，权变理论将可以作为本书实证的理论基础，解释企业是如何选择会计分权模式，以及不同的分权模式又是如何作用于管理会计实践的。权变理论，即指每个组织的内在要素和外在环境条件各不相同，因而在管理活动中不存在一种适合于所有组织环境的最优管理原则和方法。成功管理的关键在于对组织内外环境的充分了解和有效的应变策略。因此，基于权变理论，上下级单位之间的权力分配模式的选择是与企业自身环境相互适应的，同时经营业务单元管理会计信息系统提供的信息的决策有用性也在于该系统的设计与建立是否能有效适应内外环境因素的变化。

时至今日，论文虽已基本成型，但不得不说在论文的写作中还是留下了不少的遗憾。首先，可能由于受到样本量的局限，在数据处理时候，我不得不放弃最初所设计的方案，即用结构方程模型对于全书的实证框架进行一次整体性的验证。根据结构方程模型的要求，潜变量越多要求的样本量也就越大，一般说来，每增加一个潜变量，样本量就要求至少增加30个。其次，毕竟一篇博士论文的篇幅有限，论文的选题是需要聚焦的。而我在实地调研中发现的很多管理会计中有趣的现象，无法纳入本书的研究框架。比如，我在整理实地访谈资料时发现，很多企业管理者虽然也意识到了管理会计信息的重要性，但是对于管理会计信息的使用风格存在非常大的差异。我发现有的企业管理者是先做决策，然后再授权下属会计为他提供信息支持。这种模式管理会计信息虽也发挥了"决策支持"的作用，但其对于决策的影响力非常之弱。也有企业管理者是先看管理会计信息，如企业成本信息等，再做决策，这种模式管理会计信息的决策支持作用更为明显。我认为这个问题实际上已经触及了会计基本原则，"究竟是实质重于形式，还是形式重于实质"，值得研究与探索。最后，本书实证研究中，对于管理会计信息系统有用性的质量特征依然只延续了以往实证研究的设定，只选用了视野范畴、及时性、综合性以及整体性特征。显而易见，管理会计信息的决策有用性还应当包含更多的质量特征，如孟焰（2007）所提出的可理解性等。

然而，与人类探索所有科学的未知领域一样，研究是永无止境的。由于时间精力毕竟有限，再加上论文答辩时间的硬性要求，虽然我不断地加班加点，但博士论文还是在自己不是十分满意的时候就不得不匆忙交稿。因此，我常常无奈地感叹，时间都去哪儿了呢？回想写作过程，我不得不感谢导师与吉利老师一直以来的鼓励与帮助，尤其是在每次我犹豫不决拿不定主意时，他们总是能当机立断地给予建议与支持，不然博士论文要拖到何时定稿恐怕无从知晓。不过令人欣慰的是，如今沉甸甸的论文终于可以摆在书桌上了。毕竟论文我付出了大量的心血，即使论文还难免有诸多不足，不过我依然坚信，在未来追求学术的道路上，我还是有机会不断地丰富、完善它。因为我相信，"路漫漫其修远兮，吾将上下而求索"。

致谢 1

早就想好，要在论文后记与致谢中好好写上一笔，以做存照。可是，真的要写时，却提笔忘言，竟不知道从哪儿开始。时至今日，我在西南财经大学会计学院已经整整生活学习了9年，对于母校的一草一木我都怀有深深的感情。无论走到哪儿，我都会骄傲地说我来自西南财经大学。回想起来，这期间，欢乐多于泪水，幸福多于痛苦，人生五味已有初尝之感。然而，每当我一想到一家人分居三地，父母不顾年事已高依然奔波工作于异地，忍不住还是很痛苦。尤其是想到父亲现还远在甘肃酒泉，冒着严冬酷暑，不停地忙碌于田野之中，心中甚是心痛不已，愧疚难当。

我的导师毛洪涛教授常常教育我要"常怀感恩之心"。读书期间，在每年春节返乡前，恩师都会帮助我置办大批年货，希望我永远不要忘记孝敬父母。我想在此，首先要感谢我的家人。感谢父亲和母亲生我、养我、育我之恩，为了支持我的学业与生活，父母二十多年如一日，含辛茹苦，起早贪黑，四处奔波。当前，他们本已经到了退休年龄，却不顾年事已高，依然远赴他乡打工，其中的痛苦与无奈只有我们一家人能体会。感谢姨父和姨母，弟弟和弟媳，以及我所有的家人，感谢他们多年来无私的付出与支持，他们永远是我不断前行的动力。读书以来，全家人对我最大的期望就是我能获得博士学位光耀门楣，我的名字便是最好的佐证。而今，我终于完成博士论文，距离获得博士学位又进了一步。

能成功走到今天，全依仗拜在了恩师毛洪涛教授的门下。常言道，"一日为师终生为父"。有幸成为恩师的弟子，在恩师的悉心栽培下，我不仅成为一名博士研究生，而且逐渐形成了价值观与人生观。恩师为人正直善良，性情高雅豁达，治学严谨，学术功底深厚，深受学生的爱戴与敬仰，可以说恩师就是学生我一生学习和追随的楷模。恩师是一个极富责任感的人，他反复告诫我，要做一个顶天立地的男子汉，要有社会责任心，勇于承担家庭和社会的重担，更要勇于为理想奉献自己。有幸做恩师的助教，见证学习了恩师备课和教学的方法与态度，深刻地认识到要成为一名高校教师是多么艰辛与不易，要成为一名优秀的高校教师更是需要付出多少的汗水与心血。恩师对于课堂质量要求极高，每次在上讲台之前，都会查阅补充大量的资料，并反复修改课件，不遗余力地为学生奉献最精彩的一课。恩师也是一个极富影响力与感染力的人，他对于工作与生活的积极态度影响着他的每一个学生。追随恩师学习，每每当我们心有懈怠或信心不足的时候，他总是以饱满的热情激励着我们不断前行。同时，恩师也是一个充满智慧与幽默感的人，恩师常常将极深刻的道理用丰富幽默的语言传递给我们。每当我们学习、工作与生活有困惑时，恩师总是能帮助我们分析问题解决问题，并且能直击要害。当然，恩师也不时地调侃一下我们，让我们体会到幽默本身也是一种智慧。恩师还是一个非常严谨认真的人，他对于学术严谨求实的态度充分体现了财大孜孜以求的治学精髓。每次恩师审阅并修改学生的论文，大到文章的框架小到用词用句都要反复斟酌推敲才可定稿。还记得2013年9月24日，恩师不顾一日疲惫的工作，仍然在办公室帮助我修改论文至次日凌晨三点才离开。那日恩师修改的手稿我将永远存于案头，作为一生的鞭策与珍藏。

惭愧的是，我生性驽钝，悟性不高，在很多人看来实在不太适合读博士，但却承蒙恩师多年来不弃，从本科一直培养到博士，小子何幸忝列师门。与恩师相处有太多的点点滴滴值得用一生去回味与品悟，恩师说过的话也值得用一生去铭记与践行。恩师传授于我的不仅仅是会计的基本理论知识和治学的态度，更多的是为人处世的高尚品德。写到这，脑海里不禁又想起，多少次，恩师在办公室煮一壶普洱，与众师兄弟坐而论道，谈学术谈人生，谈信仰谈理想，至今想来，那种如沐春风之感犹然在心。总之，对恩师的感激之情，实在难以用语言能够表达，唯有通过今后不懈的努力与奋斗，争取成为一个像恩师一样的大学老师，以报恩师知遇之恩与辛勤栽培之情。

在我追求学术的道路上，我还不得不感谢吉利教授。吉利教授是我见过的在学术方面最有天赋与才气的人，同时也是在校期间除导师以外给予我帮助最多的人。在多次与吉利教授交流的过程中，她独具慧眼的见解、精辟入里的分析常常使我感到醍醐灌顶、茅塞顿开。认识吉利老师是在2009年加入导师的自科课题时。那一天课题中期进展汇报，我坐在吉利老师的后一排，恕我眼拙，当时我还以为她和我一样是刚进课题的研一学生，因为她看起来年龄比我还小。然而，当吉利老师站起来做报告时，我惊讶得瞠目结舌，并很快被她缜密的逻辑思维、独特的学术敏感性和开阔的学术视野征服。之后，在和吉利老师相处的日子，我更加钦佩她"快乐学习，快乐生活"的态度，原来美丽与智慧可以结合得如此完美无瑕。吉利老师一直以来不仅在论文方面给予了我许多宝贵的意见与精心的指导，而且在生活方面也多方关照。在我有困难的时候，她就如同我的姐姐一样，总是与她的先生张建国老师在第一时间伸出援助之手。

在参与导师的自科课题过程中，我有幸得到了不少课题组老师的指导与帮助。感谢王新副教授和邹燕副教授，受益于多年来他们毫无保留的指导与帮助，如兄长般的支持与关怀，终于成就了我今天的学业。感谢乔治亚理工大学况熙教授、天普大学 Rajiv Banker 教授，他们开设的短期课程帮助我系统性地掌握了管理会计的研究思路与方法，并开阔了我的视野，他们的指导与帮助也让我受益匪浅。

在财大求学九年，我要感谢西南财经大学所有的老师与工作人员。在会计学院求学期间，我有幸聆听了彭韶兵教授、马永强教授、叶建明教授、谭洪涛教授、罗宏教授、唐雪松教授、冯建教授、蔡春教授、傅代国教授、余海宗教授、吕先锫教授、杨丹教授、向显湖教授、潘学模教授、陈苑红教授、杜修铀教授、张力上教授、唐国琼教授、步丹璐副教授、陈旭东副教授、李江涛副教授、刘新琳副教授、李玉周副教授、王雪副教授、于小谦副教授、金智老师、梁婷老师、张冬老师的教诲，让我终生受用。感谢所有西南财经大学为我授业的老师们，他们在我本科、硕士以及博士期间开设的课程给予了我启迪，他们的智慧与学识，是我不断充实自己的营养。是他们传授了我知识，开拓了我的视野。他们深厚的理论知识、善于钻研和无私奉献的精神将是我一生取之不竭的宝贵财富。感谢我的班主任老师方萍老师和余霞老师，博士三年承蒙他们在学习和生活方面无私的帮助与谆谆的教导，让我快速地成长起来。感谢我读硕士期间的班主任吴颖洁老师和付佳老师，本科期间的班主任梁清源老师，我的学业离不开他们的帮助与支持。还要感谢所有西南财经大学的行政与后勤老师与工作人员，他们辛勤的工作为我提供了一个美丽舒适的学习环境。在此，还要特别感谢教务处的魏昭老师、曾双宝老师、陈秋生老师、廖春华老师以及冉茂瑜老师，会计学院的姚文可老师、董春来老师、杨长虹老师、刘砚琛老师、刘晓琳老师、何振雄老师，求学期间也给他们添了不少麻烦。

求学期间，我还受到很多学术界前辈的帮助。感谢厦门大学于李胜教授不远千里来到成都帮助我博士论文开题，并提出了很多宝贵的意见。感谢清华大学于增彪教授，您居然愿意在百忙之中，抽出自己的宝贵时间耐心地与我这名默默无闻的学术后生一对一讨论。感谢厦门大学刘峰教授，是您给予了我机会让我有幸做客香港城市大学进行学术交流。感谢香港中文大学杨勇教授，您对学生论文的精彩点评帮助我完善了论文。还要感谢中山大学郑国坚教授、林斌教授、刘运国教授、谭劲松教授，承蒙各位老师的照顾让我在中山大学度过了一段非常美好的时光。

感谢我的一群可爱的师兄弟姐妹。长期以来，在导师的带领下，我们团结友爱，互相关心，构筑了一个积极向上的学术团体。张正勇博士、周达勇博士和诸波博士一直是我的兄长，同时也是我学习的标杆。张师兄忠厚质朴、善于文笔，周师兄谦逊缜密、善于分析，诸师兄深邃和善、善于思考，他们宝贵的品格和优点都是我值得一生学习和效仿的。感谢我的同年刘晓军硕士、周方超硕士、暴克琦硕士、章昶璐硕士、江灵曼硕士、王姣硕士、李婧超硕士、柴佳硕士、闫乃芳硕士、张瑞峰硕士、王环环硕士、杨茂纹硕士、李梦硕士、王珊珊硕士,我们一起成长的日子将是我毕生最大的财富。感谢我的师兄弟姐妹,吴将君硕士、张庆安硕士、沈颖硕士、杨琴硕士、沈鹏硕士、赵宗厂硕士、何熙琼博士、李子扬博士、李彦霖博士、付超博士、吴萌博士、程军博士、苏朦博士、徐宽硕士、王德昌硕士、王晓丹硕士、冯华忠硕士、孙婷婷硕士、张晨硕士、蒋舟硕士、徐煜硕士等人,感谢他们长期的信任与支持。还要特别感谢杨乔莉硕士、罗桂平硕士、兰大培硕士、钟波硕士以及马波硕士,没有他们的帮助,我的博士论文实地访谈与问卷调查不可能如此顺利。

在博士论文实地调研与问卷调查中,有太多的人牺牲了宝贵的时间给予了无私的支持。我要感谢这些帮助过我的人。感谢接受我访谈或为我填写问卷的 MPAcc 在职研究生、中国中铁二局和中铁八局的工作人员、中国华西通用机械制造公司的工作人员、中国德阳二重的工作人员以及成都置信集团的工作人员。同时还要感谢 CIMA 的夏挺先生和马芸芸先生,感谢他们在问卷发放中的鼎力支持。

感谢我身边所有的同窗。博士三年我身为副班长,很多工作可能还没有做到位,还请多多包涵。感谢班中几位兄长,龚香林博士、余磊博士、王祹博士、邱凯博士、刘李福博士、范小超博士与周信君博士,他们对工作和生活的热情追求,为我树立了非常好的榜样。感谢刘雷博士,他成熟稳重,每天与他一起上自习,我都收获颇丰。感谢班长李明博士,他不仅有良好的学术洞察力,而且兼备良好的文字功底,不仅值得我学习,也让我非常羡慕。感谢吴敏博士,他拥有睿智幽默的谈吐，每次与他交流都让我心情舒畅。感谢付鹏博士，同窗九年，正如他所说，实在太不容易了，这是缘分。感谢班中的众位女生，钟纯博士、朱海英博士、许楠博士、朱丽博士、刘春力博士、刘静博士、黄晓芝博士、宛玲羽博士、陈露兰博士、徐倩博士、赫然博士、张欢博士以及李芝博士，他们通过美丽与智慧相结合完美地诠释了什么是新时代的女博士，也为我们班级增加了一份青春靓丽的风景线。感谢读博士期间的诸位好友。特别是我的邻居刘斤镪博士，他多次在我生病时不顾深夜陪我去医院，这份情谊实在难得。感谢张巍博士、周志刚博士、代灵敏博士、刘绪祚博士、魏彧博士、黄建斌博士、罗大为博士等，我很怀念大家在楼道里聚在一起争论学术的日子。而今大家终将完成博士学位的修读，即将各奔东西，祝您们前程似锦、一帆风顺。此外，还要感谢中山大学林东杰博士、廖歆欣博士、曹建博士以及徐悦博士，感谢他们在中山大学的帮助与支持。

感谢一路相随的朋友们，在我最困难的时候你们依然不离不弃。感谢好友吕晓东。在我读博士期间，他总是一有空就来陪我聊天打球，无论我遇到什么困难，他总是两肋插刀。感谢我的高中班主任罗乔老师，多年来我们亦师亦友，他和师娘提供了不少关怀与支持。感谢我的好友陈伟军，他对于会计实务的理解非常深刻，每当我在会计实务上有困惑时，我首先想到的就是他。感谢好友陈效东，他对学术的热忱是少有人可及的，十分怀念他爽朗的笑声。感谢好友罗韬，他对会计与足球的热爱让我钦佩，他阳光帅气的魅力更让我羡慕。感谢好友贾飞，他对家庭和事业的责任心值得我尊重与学习。感谢我读本科时的几位挚友，李林蔚、陈晨、李籽剑、于桥、李聪与吴德强，大家分开后的日子，我常常突然想起那些一起荒唐、一起胡闹的日子。如今大家虽天各一方，但也时时相互挂念。感谢我高中的挚友，谢林、华山、张雨荷、雷鹏、袁杰、陈晓峰等人，怀念那段一起准备高考的日子，单调却纯粹。

由于我性格上存在一定的缺陷，遇事常常判断失误，做事不计后果，给太多的人带来了麻烦与痛苦，至今想来痛心疾首、后悔不已。在此我诚挚地道歉并由衷地感谢各位的包容与谅解，并祝福你们在未来的日子里一帆风顺。

回首在财大九年的求学之路，我人生中一笔丰厚的积累在这里完成。在这里学到丰富专业知识的同时，我还收获了亲情和友情，这笔宝贵财富，将永远珍藏于我的内心之中。

邓博夫

2014 年 3 月于西南财经大学柳林校区博学园 C−405 室

致谢 2

2014 年博士毕业，我又经历了三年博士后，终于在 2017 年又回到了梦开始的地方西南财经大学会计学院任教。

时至今日，已经毕业 6 年，我才在博士论文的基础上修改出了本书的底稿，并交付人民日报出版社作为专著出版。这 6 年最大的成长是从学生到一名教师。在这个过程中，有太多的前辈和朋友给予了我无私的帮助，唯有以最诚挚的感情回报你们。

最后，感谢我的家人，你们给予了我无限的勇气，去追求学术的梦想！特别感谢我的夫人易垚女士，爱你！

邓博夫

2020 年 7 月于家中